D1919154

Alle meine FEDER FREUNDE

KUNTERBUNTE AMIGURUMIS HÄKELN

IMPRESSUM

Bibliografische Information der Deutschen Bibliothek. Die Deutsche Bibliothek verzeichnet diese Publikation in der Deutschen Nationalbibliografie. Detaillierte bibliografische Daten sind im Internet über http://www.dnb.de/ abrufbar.

Bei Fragen zur Produktsicherheit wenden Sie sich an

Edition Michael Fischer GmbH
Kistlerhofstr. 70
81379 München
kontakt@emf-verlag.de

EIN BUCH DER EDITION MICHAEL FISCHER
1. Auflage 2025

Erstveröffentlicht bei Meteoor Books, Antwerpen, Belgien

Titel der Originalausgabe:
Colorful Crochet Birds. 19 Amigurumi Patterns to Create Feathered Friends
Aus dem Englischen übertragen von Verena Thiard-Laforet, Perchtoldsdorf
Cover, Layout & Satz: Anna Obermüller
Bilder: © Ilaria Caliri
Redaktion und Lektorat: Bettina Bechler
Die Wolle wurde freundlicherweise von Rico Design zur Verfügung gestellt.

ISBN 978-3-7459-2697-2
Gedruckt bei PNB Print SIA „Jansili", Silakrogs, Ropazu novads, LV-2133, Lettland

www.emf-verlag.de

ILARIA CALIRI

Alle meine FEDER FREUNDE

KUNTERBUNTE AMIGURUMIS HÄKELN

EMF

EIN BUCH DER
EDITION MICHAEL FISCHER

Seite 26
Seite 18
Seite 52
Seite 112
Seite 88
Seite 40
Seite 46
Seite 94
Seite 46
Seite 64
Seite 80
Seite 72
Seite 104
Seite 120
Seite 34
Seite 34
Seite 58
Seite 46

*Hallo liebe*r Häkelfreund*in!*

Es freut mich sehr, dass du mein Buch in Händen hältst! Vielleicht sind das deine ersten Handarbeitsversuche – ich kann mich noch gut an meine erinnern! Oder du bist bereits Profi und suchst nach neuen Anleitungen. Auch das kommt mir bekannt vor! Wir alle haben mal mit einer Häkelnadel, etwas Garn und viel Freude am Lernen angefangen. Und nach diesem ersten Versuch kann man nicht mehr aufhören.

Meine Reise als Häkel-Designerin begann 2010 mit einem bescheidenen Blog. Damals ahnte ich noch nicht, dass ein Beruf daraus werden könnte. Ein paar Jahre später bekam ich das Angebot, meine niedlichen Amigurumis in einem Buch – „Tierisch süße Häkelfreunde im Winterwunderland" – zusammenzufassen!

Etwa vor 5 Jahren stieß ich auf meiner Amigurumi-Reise zum ersten Mal auf bunte Vogelfedern. Ich verbrachte ganze Tage damit, Vögel zu zeichnen, und dachte darüber nach, welche sich am besten für eine Häkelanleitung eignen würden. Auf dem Papier erwachte schnell ein pummeliger Tukan mit einem riesigen, bunten Schnabel zum Leben. In der Regel fertige ich von einer Idee mehrere Zeichnungen an, um mit den Proportionen zu spielen und die Form anzupassen. Dabei muss ich im Hinterkopf behalten, dass ein dreidimensionales Stofftier entstehen soll, das hauptsächlich aus festen Maschen besteht. Erstaunlicherweise war dieses Mal schon der erste Entwurf perfekt.

Die Zeichnung von Toco, dem Tukan, konnte also in Maschen aus Baumwollgarn (Seite 88) übertragen werden. Daraufhin wollte ich noch mehr Vögel kreieren, in vielen Farben, mit spitzen Schnäbeln, lustigen Füßen, seidigen Federn, lebendigen Augen. Ich habe diese Skizzen einige Jahre in einem Notizbuch verwahrt, während ich andere Projekte in Angriff nahm. Bis mein Verleger mir letztes Jahr eine E-Mail mit einer sehr einfachen und direkten Anfrage schickte: VÖGEL! :) Yes! Jetzt war es an der Zeit, all meine gefiederten Freunde entstehen zu lassen!

Das letzte Jahr verbrachte ich mit zeichnen, häkeln, kleine Details ergänzen, Anleitungen und Ratschläge niederschreiben und niedliche Fotos machen. Und jetzt freue ich mich, dir „Alle meine Federfreunde" vorstellen zu dürfen!

Bunt – Ich habe versucht, die Farben der Vögel so naturgetreu wie möglich wiederzugeben, da Mutter Natur großartige Arbeit bei der Gestaltung dieser Spezies geleistet hat. Ab und zu habe ich mir etwas „künstlerische Freiheit" erlaubt und auch du kannst mit Farben experimentieren.

Häkeln – Mehr noch als meine Muttersprache (Italienisch) oder meine Zweitsprache (Englisch) ist das Häkeln meine Ausdrucksform. Folge den Anleitungen Schritt für Schritt oder nutze sie als Ausgangspunkt für deine eigenen einzigartigen Vogelkreationen!

Vögel – Zwischen diesen Seiten verstecken sich 19 Vögel aus allen Ecken der Welt. Einige davon kennst du wahrscheinlich, während andere vielleicht ganz neu für dich sind. Ich hoffe, du hast Spaß beim Entdecken jedes einzelnen Vogels.

AMIGURUMI-GALERIE

Bei jeder Häkelanleitung findest du eine Webadresse und einen QR-Code, die zur Online-Galerie der Vögel führen. Teile ein Foto von deinem fertigen Vogel oder lass dich von den Farben und Garnen anderer Häkelbegeisterter inspirieren. Gib den Link in deinen Browser ein oder scanne den QR-Code mit deinem Smartphone. Bei Telefonen mit iOS kannst du den QR-Code im Kameramodus scannen. Bei Telefonen mit Android musst du eventuell eine QR-Reader-App installieren.

WELCHES MATERIAL BRAUCHST DU?

Bevor wir beginnen, solltest du sichergehen, dass du alles zur Verfügung hast, was du benötigst. Dieser Abschnitt umfasst die grundlegenden Materialien und Werkzeuge, die du zum Anfertigen der Amigurumis in diesem Buch brauchst.

Buntes Garn

Bei jeder Anleitung in diesem Buch habe ich das für den jeweiligen Vogel verwendete Material aufgelistet. Ich habe hauptsächlich das Baumwollgarn *Ricorumi* (57,5 m/25 g) verwendet und es bei einigen Vögeln, für eine flauschigere Textur, gemeinsam mit dem Mohairgarn *Essentials Super Kid Mohair Silk* (200 m/25 g) verarbeitet. Du musst dich allerdings nicht strikt an die Garnart oder Garnstärke halten. Jedes Baumwoll-, Acryl- oder Wollgarn kann verwendet werden, solange du mit der dazu passenden Häkelnadel arbeitest. Bedenke aber dabei, dass dickeres Garn eine größere und dünneres Garn eine kleinere Häkelfigur ergibt.

*

ANMERKUNG: *Beim Häkeln von Amigurumis solltest du immer eine Häkelnadel verwenden, die eine oder zwei Größen kleiner ist, als auf der Banderole angegeben. So sind die Maschen dichter und die Füllwatte scheint nicht durch.*

Die benötigte Garnmenge wird nicht angegeben, denn die Garnmenge kann je nach Fadenspannung und Garndicke variieren. In der Materialliste wird angegeben, wenn mehr als nur ein Knäuel von 25 g benötigt wird.

Flauschiges Mohairgarn

Mohair ist eine Faser des Fells der Angora-Ziegen, die in der Regel mit anderen Fasern versponnen wird, um ein feines und flauschiges Garn zu erzeugen. Es gibt auch veganes Garn, das dem Mohair ähnlich ist und nur aus Synthetik- oder Acrylfasern besteht. Für einige Amigurumis in diesem Buch empfehle ich die Verwendung eines Mohairfadens gemeinsam mit einem Baumwollfaden. Das Baumwollgarn sorgt für eine definierte Form und das Mohairgarn für den weichen „Halo"-Effekt. Wenn du mit zwei Garnen häkelst, brauchst du vielleicht eine etwas größere Häkelnadel, um flüssig arbeiten zu können. Die Flauschigkeit des Mohairgarns kannst du besonders gut zur Geltung bringen, indem du die Vorderseite der Häkelarbeit mit einer Drahtbürste bearbeitest. Bewege sie vorsichtig über die Figur und klebe die Sicherheitsaugen während des Bürstens mit einem Stück Washi Tape ab, damit sie nicht zerkratzt werden.

Häkelnadeln

So wie das Garn gibt es auch Häkelnadeln in verschiedenen Arten und Größen. Mit größeren Nadeln werden die Maschen größer als mit kleineren Nadeln. Daher ist es wichtig, die richtige Nadel für das gewählte Garn zu verwenden. Für die Amigurumis solltest du eine Häkelnadel verwenden, die 0,5 mm kleiner ist als auf der Banderole deines Garns angegeben. Das Häkelbild sollte recht fest und ohne Löcher sein, damit keine Füllwatte nach außen durchscheint.

Häkelnadeln bestehen häufig aus Aluminium oder Stahl, denn Metallnadeln rutschen für gewöhnlich leichter durch die Maschen. Am besten wählst du eine ergonomische Häkelnadel mit Gummigriff.

Maschenmarkierer

Ein Maschenmarkierer ist eine kleine Klemme aus Metall oder Kunststoff. Er ist ein praktisches Werkzeug, das dir hilft, den Anfangspunkt deiner Arbeit zu markieren. Mit seiner Hilfe kannst du einfacher überprüfen, ob du in jeder Runde die richtige Anzahl an Maschen gehäkelt hast. Der Maschenmarkierer hängt immer in der letzten Masche der Runde. Am Ende jeder Runde setzt du den Maschenmarkierer also eine Runde höher. Wenn du nach dem Häkeln einer Runde wieder bei deinem Maschenmarkierer ankommst, nimm ihn ab, häkle gemäß der Anleitung in diese Masche und häng den Maschenmarkierer in die soeben gehäkelte Masche, die die letzte dieser Runde ist.

Füllmaterial

Am besten eignet sich Füllwatte aus Kunstfasern. Sie ist günstig, waschbar und löst keine Allergien aus. Die einzelnen Teile der Figur werden während des Häkelns ausgestopft. Mit dem Ausstopfen größerer Teile, wie dem Kopf oder dem Körper, beginnst du, sobald sie etwa zur Hälfte fertig sind. Müssen sehr dünne Teile ausgestopft werden, in die kein Finger passt, kannst du das Ende einer Häkelnadel oder ein Essstäbchen zu Hilfe nehmen. Generell solltest du mehr Füllwatte verwenden, als du auf den ersten Blick vermuten würdest. Wird ein Häkeltier nicht fest genug ausgestopft, verliert es mit der Zeit seine Form. Wird jedoch zu viel Füllwatte verwendet, kann sie das Gewebe ausleiern und durchscheinen. Ein ausgewogenes Verhältnis ist das Ziel.

Sicherheitsaugen

Sicherheitsaugen bestehen aus zwei unterschiedlichen Teilen – einem vorderen Teil (der Perle, die außen sichtbar ist und auf einem geriffelten Stift sitzt) und einem hinteren Teil (dem Verschluss). Der Verschluss hält das Auge an Ort und Stelle. Stecke den Verschluss aber nicht zu früh hinten auf den Stift des Auges. Sobald dieser einmal befestigt ist, lässt er sich nicht mehr entfernen. Achte daher gut darauf, dass die Augen an der richtigen Stelle sitzen, bevor du sie endgültig befestigst. Wenn du eine andere Garnstärke verwendest als in der Anleitung angegeben, musst du vielleicht auch größere oder kleinere Sicherheitsaugen nehmen.

Sind die Stofftiere für Kinder unter drei Jahren bestimmt, sollten die Augen zur Sicherheit aufgestickt werden.

Wollnadel

Zum Sticken und Vernähen eignet sich am besten eine Woll- oder Sticknadel mit stumpfer Spitze. Mit ihr lässt es sich leichter in die Maschen einstechen, ohne das Garn zu spalten.

Stecknadeln

Stecknadeln sind praktisch, um Körperteile zu positionieren, bevor du sie dauerhaft festnähst.

WAS MUSST DU WISSEN, BEVOR DU BEGINNST?

Schwierigkeitsgrad

einfach (*), mittel (**), fortgeschritten (***)
Bei jedem Modell wird der Schwierigkeitsgrad angegeben. Wenn du zum ersten Mal ein Amigurumi häkelst, solltest du mit einem einfachen Modell beginnen und dich erst nach und nach steigern.

Die Anleitungen

Die Vögel werden in Spiralrunden gehäkelt. Das Häkeln von Spiralen kann verwirrend sein, da es keine klare Markierung gibt, wann eine Runde endet und eine neue beginnt. Daher ist es hilfreich, das Rundenende mit einem Maschenmarkierer oder einer Sicherheitsnadel zu kennzeichnen. Nachdem du eine weitere Runde gehäkelt hast, solltest du also genau über deinem Maschenmarkierer enden. Setze dann den Markierer eine Runde weiter, damit du immer genau weißt, wo deine aktuelle Runde beginnt.

Am Anfang jeder Zeile der Anleitung steht eine Zahl und die Abkürzung „Rd". Dies zeigt, in welcher Runde du dich gerade befindest. Wird eine Runde wiederholt, steht z. B. am Anfang der Zeile „9.–12. Rd". Diese Runde wird also viermal wiederholt. Das heißt, du häkelst die Maschen in der 9., 10., 11. und 12. Runde auf dieselbe Weise.

Obwohl wir hier hauptsächlich in Runden häkeln, kann es ab und zu vorkommen, dass in Reihen gearbeitet wird. Ist das der Fall, steht am Anfang der Zeile eine Zahl mit der Abkürzung „R". Am Reihenende wendest du deine Häkelarbeit und beginnst gemäß der Anleitung mit der nächsten Reihe. Beginnt die nächste Reihe mit einer oder mehreren Wendeluftmaschen, zählen diese nicht als Maschen.

Am Ende jeder Zeile steht in eckigen Klammern die Anzahl der Maschen, die du gehäkelt haben solltest, z. B. [9] oder [9 + 2 Lm]. Wenn du dir nicht sicher bist, zähle lieber noch einmal nach, der Maschenmarkierer hilft dir dabei.

Werden Teile der Anleitung wiederholt, wird dies mit einem Sternchen (*) und der Anzahl an Wiederholungen angezeigt. Dadurch wird die Anleitung kürzer und übersichtlicher.

ABKÜRZUNGEN

abn = abnehmen
DStb = Doppelstäbchen
fM = feste Masche(n)
hStb = halbe(s) Stäbchen
ihM = ins hintere Maschenglied
ivM = ins vordere Maschenglied
Km = Kettmasche(n)
LL = Lauflänge
Lm = Luftmasche(n)
M = Masche(n)
MM = Maschenmarkierer
Nd = Nadel
R = Reihe(n)
Rd = Runde(n)
Rm = Reliefmasche mit fester Masche
RKm = Relief-Kettmasche
RStb = Reliefstäbchen
Stb = Stäbchen
wdh = wiederholen
zun = zunehmen
zus = zusammen

GRUNDLAGEN

Diese Schritt-für-Schritt-Anleitungen helfen dir, alle wichtigen Stiche und Techniken zu beherrschen, die du jedes Mal brauchst, wenn du zur Häkelnadel greifst.

VIDEO-TUTORIALS

Bei jeder Häkelmasche, die erklärt wird, findest du eine Webadresse oder einen QR-Code, die dich online direkt zu unserem Video-Tutorial für Häkelmaschen bringen. Dort siehst du Schritt für Schritt, wie die jeweilige Masche gehäkelt wird, und kannst sie so noch schneller erlernen. Gib einfach den Link in deinen Browser ein oder scanne den QR-Code mit deinem Smartphone. Bei Telefonen mit iOS-Betriebssystem kannst du den QR-Code einfach im Kameramodus scannen. Bei Telefonen mit Android musst du möglicherweise zuerst eine QR-Reader-App installieren.

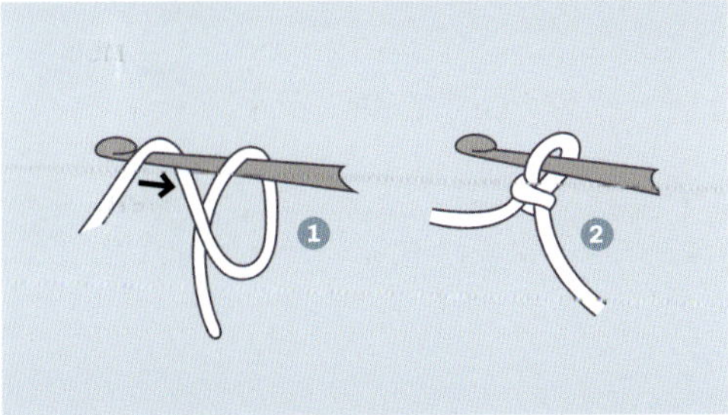

ANFANGSSCHLINGE

Die Anfangsschlinge ist die erste Schlinge, die du machst, um mit deiner Häkelarbeit beginnen zu können. Die Anfangsschlinge zählt nicht als Masche.

Schritt 1: Lege mit dem Garnende eine Schlinge. Stecke die Häkelnadel durch und ziehe eine weitere Schlinge durch.

Schritt 2: Ziehe am Garnende, um die Schlinge um die Häkelnadel anzuziehen.

QR-Code scannen oder **www.stitch.show/slipknot** eingeben.

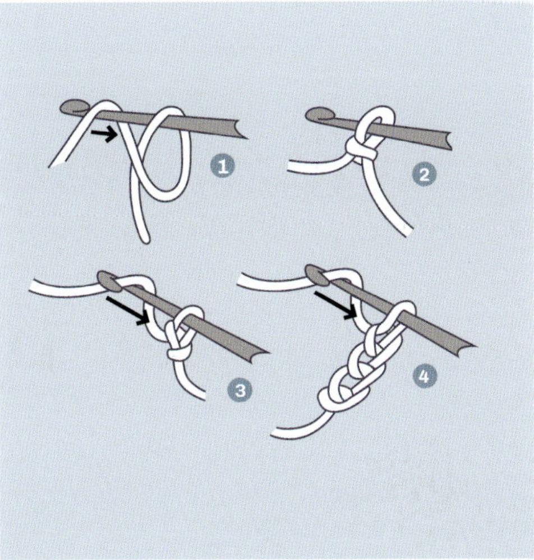

LUFTMASCHE

Wenn du in Reihen arbeitest, besteht deine erste Reihe aus mehreren Luftmaschen.

Schritt 1: Mit der Nadel das Garn durch die Schlinge ziehen.

Schritt 2: Die Schlinge festziehen, bis sie sich eng um die Nadel schließt.

Schritt 3: Wickle den Faden von hinten nach vorne über die Häkelnadel. Ziehe dann die Nadel mit dem Faden durch die Schlinge, die sich bereits auf der Nadel befindet. Nun hast du die erste Luftmasche gehäkelt.

Schritt 4: Wiederhole die Schritte so oft, wie in der Anleitung angegeben, um eine Luftmaschenkette zu häkeln.

QR-Code scannen oder **www.stitch.show/ch** eingeben.

LUFTMASCHEN ZÄHLEN

Jede V-förmige Luftmasche zählt als Masche. Die Anfangsschlinge und die Schlinge auf der Nadel werden nicht gezählt. Achte darauf, dass die Luftmaschenkette nicht verdreht ist und die Vorderseite zu dir zeigt. So ist das Zählen einfacher.

HÄKELNADEL EINSTECHEN (POSITION DER MASCHEN)

Mit Ausnahme der Luftmaschen musst du bei allen Maschen die Nadel durch die vorhandenen Maschen stechen. Führe die Häkelnadel durch beide Maschenglieder der vorherigen Reihe oder Runde.

Stich dabei von vorne nach hinten durch die Masche. Die Nadelseite muss immer nach unten oder zur Seite zeigen, sodass sie nicht am Garn oder an der Arbeit hängen bleibt.

Wenn du ivM oder ihM häkeln sollst, arbeite dieselbe Masche, aber nur durch eines der beiden Maschenglieder.

Nur ins vordere Maschenglied einstechen
Stich dabei nur in das dir zugewandte vordere Maschenglied ein.

Nur ins hintere Maschenglied einstechen
Stich dabei nur in das von dir abgewandte hintere Maschenglied ein.

QR-Code scannen oder **www.stitch.show/FLO-BLO** eingeben.

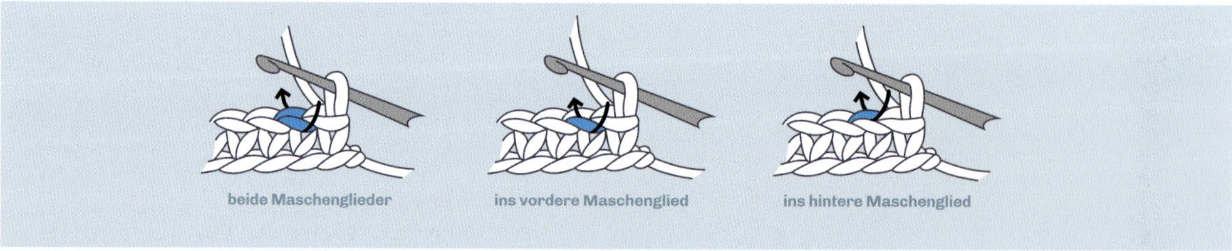

KETTMASCHE

QR-Code scannen oder **www.stitch.show/slst** eingeben.

Eine Kettmasche wird verwendet, um eine Arbeit schön abzuschließen oder um verschiedene Teile aneinander zu befestigen.
Schritt 1: Stich mit der Nadel in die nächste Masche ein.
Schritt 2: Hole dir den Faden und ziehe ihn direkt durch die Schlinge auf der Nadel.

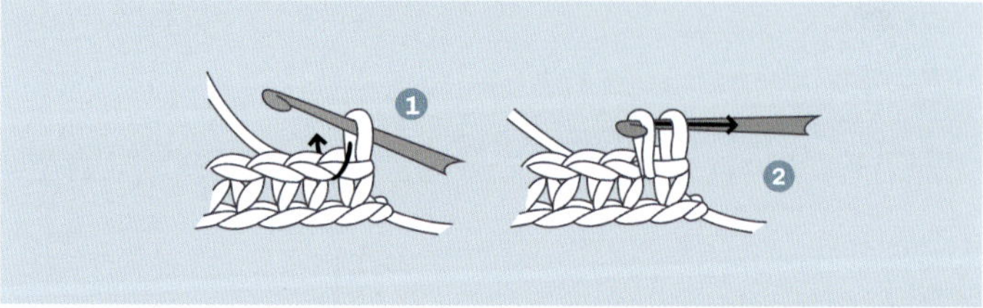

FESTE MASCHE

Sie wird am häufigsten verwendet.
Schritt 1: Mit der Nadel in die nächste Masche einstechen.
Schritt 2: Hole dir den Faden und ziehe ihn durch die Masche. Es liegen nun zwei Schlingen auf der Nadel.
Schritt 3: Hole dir den Faden erneut und ziehe ihn durch beide Schlingen.
Schritt 4: Du hast eine feste Masche gehäkelt.
Schritt 5: Stich erneut in die nächste Masche ein, um eine weitere feste Masche zu häkeln.

QR-Code scannen oder **www.stitch.show/sc** eingeben.

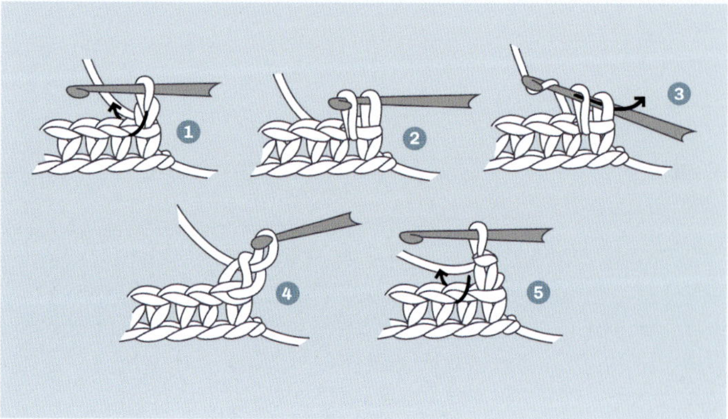

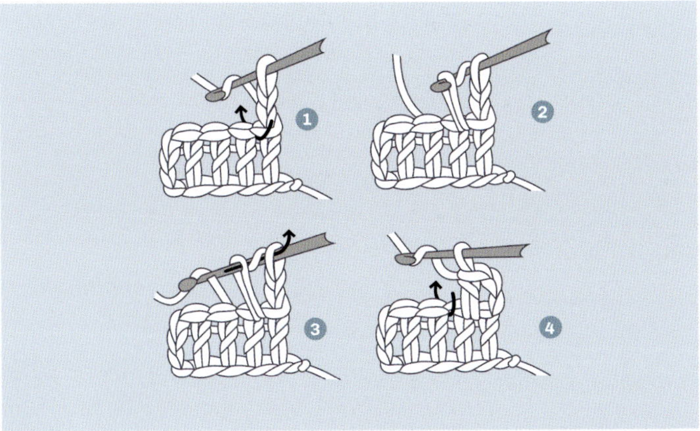

HALBES STÄBCHEN

Schritt 1: Wickle den Faden zunächst von hinten nach vorne um die Nadel und stich dann in die Masche ein.

Schritt 2: Hole dir den Faden und ziehe ihn durch die Masche. Nun befinden sich drei Schlingen auf der Häkelnadel.

Schritt 3: Hole dir den Faden erneut und ziehe ihn durch alle drei Schlingen auf der Nadel. Nun hast du ein halbes Stäbchen gehäkelt.

Schritt 4: Für das nächste halbe Stäbchen wickle den Faden wieder um die Nadel und stich in die nächste Masche ein.

QR-Code scannen oder **www.stitch.show/hdc** eingeben.

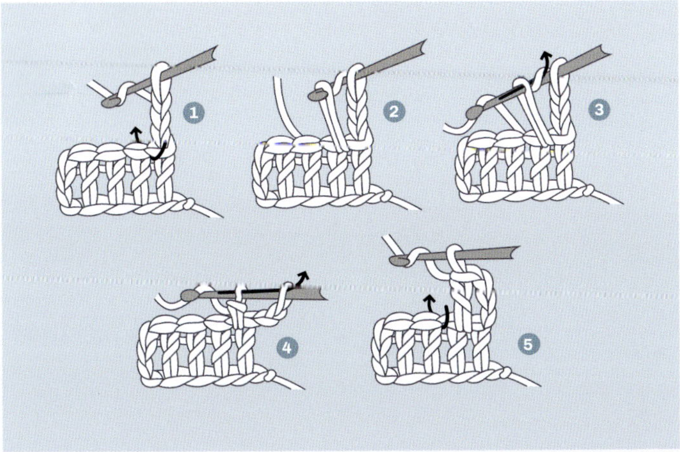

STÄBCHEN

Schritt 1: Wickle den Faden zunächst von hinten nach vorne um die Nadel und stich dann in die Masche ein.

Schritt 2: Hole dir den Faden und ziehe ihn durch die Masche. Nun befinden sich drei Schlingen auf der Häkelnadel.

Schritt 3: Hole dir den Faden erneut und ziehe ihn durch die ersten beiden Schlingen auf der Nadel. Nun befinden sich noch zwei Schlingen auf der Häkelnadel.

Schritt 4: Wickle das Garn ein letztes Mal um die Nadel und ziehe es durch beide Schlingen auf der Häkelnadel. Jetzt hast du ein Stäbchen gehäkelt.

Schritt 5: Für das nächste Stäbchen wickle den Faden wieder um die Nadel und stich in die nächste Masche ein.

QR-Code scannen oder **www.stitch.show/dc** eingeben.

DIE GESAMTMASCHENANZAHL ÜBERPRÜFEN

Denke daran, die Maschen hin und wieder zu zählen, um sicherzugehen, dass du die in der Anleitung angegebene Maschenanzahl hast. Die Maschen lassen sich am einfachsten zählen, wenn du von oben auf die V-förmige Oberseite schaust. Wenn du bemerkst, dass du eine Masche vergessen oder eine zu viel gehäkelt hast, kannst du das durch eine zusätzliche Zunahme oder Abnahme in der folgenden Runde korrigieren (Anleitung Seite 12). Oder du trennst die Maschen bis zur fehlerhaften Stelle auf und häkelst ab da noch einmal.

DOPPELSTÄBCHEN

Schritt 1: Wickle den Faden zunächst zweimal von hinten nach vorne um die Nadel und stich dann in die Masche ein.

Schritt 2: Hole dir den Faden und ziehe ihn durch die Masche. Nun befinden sich vier Schlingen auf der Häkelnadel.

Schritt 3: Hole dir den Faden erneut und ziehe ihn durch die ersten beiden Schlingen auf der Nadel. Nun befinden sich noch drei Schlingen auf der Häkelnadel.

Schritt 4: Hole dir den Faden erneut und ziehe ihn durch die ersten beiden Schlingen auf der Nadel. Nun befinden sich noch zwei Schlingen auf der Häkelnadel.

Schritt 5: Hole dir den Faden ein letztes Mal und ziehe ihn durch beide Schlingen auf der Häkelnadel. Nun hast du ein Doppelstäbchen gehäkelt.

QR-Code scannen oder **www.stitch.show/tr** eingeben.

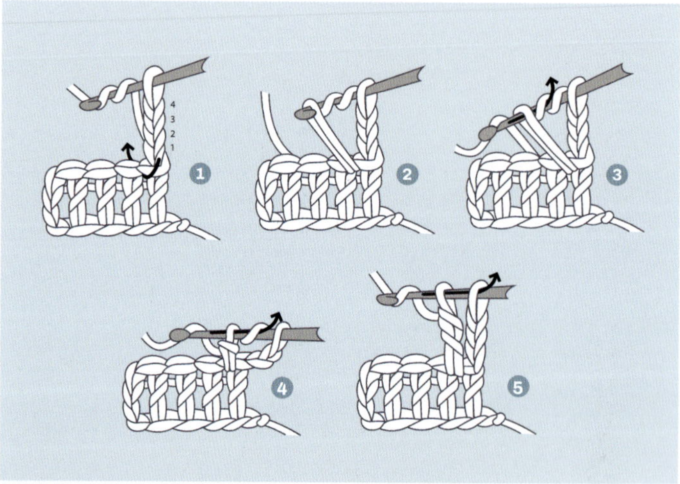

Schritt 6: Für das nächste Doppelstäbchen wickle den Faden wieder zweimal um die Nadel und stich in die nächste Masche ein.

ZUNEHMEN

QR-Code scannen oder **www.stitch.show/inc** eingeben.

Um eine Zunahme zu arbeiten, häkle einfach zwei feste Maschen in eine einzige Masche. So entstehen zusätzliche Maschen und das Häkelstück wird größer.

Schritt 1: Häkle eine feste Masche in die nächste Masche.

Schritt 2: Häkle eine zweite feste Masche in dieselbe Masche wie zuvor.

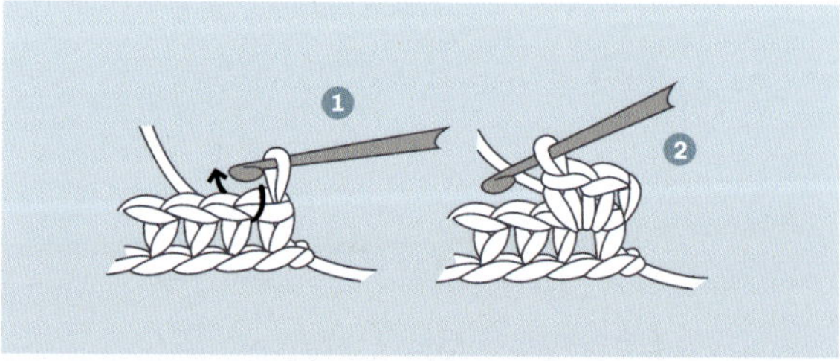

UNSICHTBAR ABNEHMEN

Beim Abnehmen werden zwei Maschen zusammengehäkelt. So nimmt die Maschenanzahl in einer Runde ab und das Häkelstück wird kleiner.

Schritt 1: Stich dazu nur in das vordere Maschenglied der nächsten Masche ein. Stich danach sofort in das vordere Maschenglied der folgenden Masche ein. Nun hast du drei Schlingen auf der Häkelnadel.

Schritt 2: Hole dir den Faden und ziehe ihn durch die ersten beiden Schlingen auf der Nadel.

Schritt 3: Hole dir den Faden erneut und ziehe ihn durch die restlichen beiden Schlingen auf der Nadel. Nun hast du eine unsichtbare Abnahme gearbeitet.

QR-Code scannen oder **www.stitch.show/dec** eingeben.

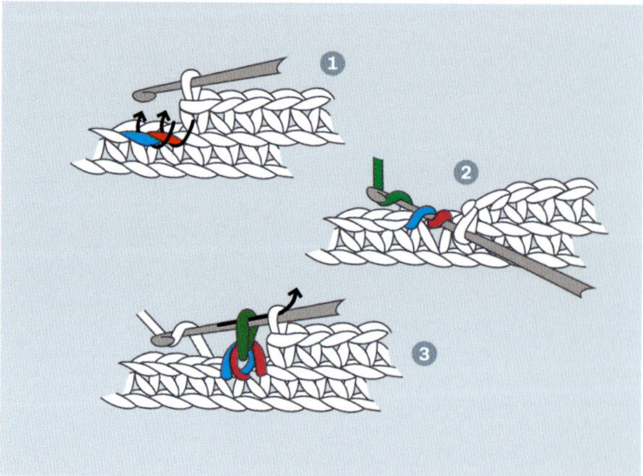

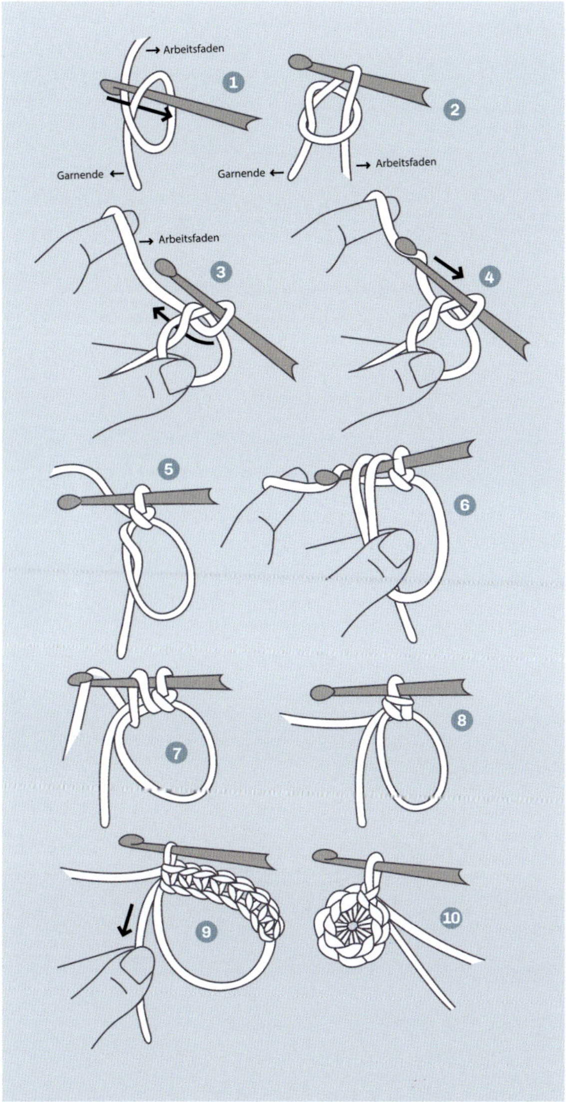

FADENRING

Zu Beginn benötigst du oft einen kleinen Kreis, besonders für das Häkeln in Runden. Der Vorteil des Fadenrings ist, dass am Ende kein Loch in der Mitte der ersten Runde bleibt. Häkle die benötigte Anzahl an Maschen in einen verstellbaren Ring und ziehe danach mit dem Anfangsfaden die Schlinge fest zusammen.

Schritt 1: Lege zuerst den Faden über Kreuz zum Ring.

Schritt 2: Stich die Nadel in diesen Ring ein und hole den langen Faden nach vorne. Ziehe den Faden nicht zu fest an. Du brauchst einen lockeren Ring.

Schritt 3: Halte den Ring mit linkem Mittelfinger und Daumen und wickle den Arbeitsfaden um den Zeigefinger.

Schritt 4–5: Häkle eine Luftmasche, indem du den Arbeitsfaden um die Nadel wickelst und durch die Schlinge auf der Nadel ziehst. Ziehe die Luftmasche fest.

Schritt 6: Führe die Nadel unterhalb des Endfadens durch den Ring und hole dir den Faden als Schlinge durch. Jetzt liegen zwei Schlingen auf der Häkelnadel.

Schritt 7: Die Nadel liegt oberhalb des Rings. Jetzt den Faden erneut holen.

Schritt 8: Ziehe ihn durch beide Schlingen auf der Nadel. Nun hast du die erste feste Masche in den Fadenring gearbeitet. Häkle auf diese Weise so viele Maschen wie in der Anleitung angegeben.

Schritt 9–10: Fasse das kurze Fadenende und ziehe vorsichtig daran. Du siehst, wie sich der Ring zusammenzieht. Schließe den Ring vollständig.

Du kannst jetzt mit der zweiten Runde beginnen und in die erste feste Masche der Vorrunde häkeln. Markiere mit einem Maschenmarkierer den Rundenbeginn.

QR-Code scannen oder **www.stitch.show/magicring** eingeben.

Wenn dir das Arbeiten mit dem Fadenring nicht zusagt, gibt es eine einfachere Methode zum Beginn mit einem Kreis. Ihr Nachteil ist, dass in der Mitte des Häkelstücks eine kleine Öffnung bleibt.

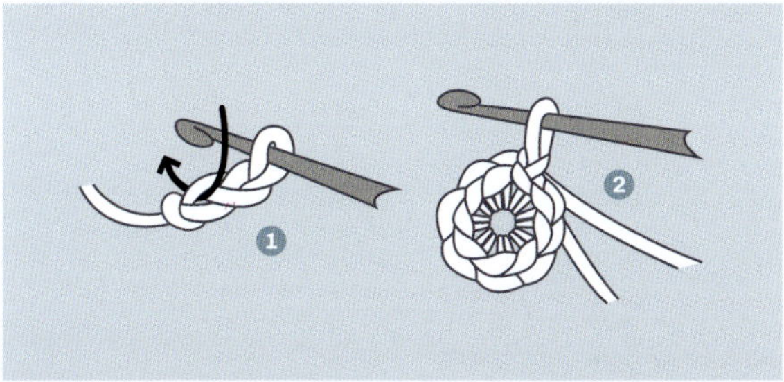

BEGINN MIT ZWEI LUFTMASCHEN

Schritt 1: Häkle nach einer Anfangsschlinge zuerst 2 Luftmaschen und arbeite dann die Anzahl der benötigten festen Maschen in die 2. Luftmasche ab der Nadel. Sie entspricht der Anzahl der Maschen, die du in den Fadenring häkeln würdest.

Schritt 2: Häkle zum Schluss 1 Kettmasche in die 1. Masche. Jetzt hast du einen kleinen Anfangskreis gehäkelt.

QR-Code scannen oder **www.stitch.show/2ch** eingeben.

UM EINE LUFTMASCHENKETTE HERUMHÄKELN

Einige Teile beginnst du mit einem Oval statt mit einem Kreis. Häkle dafür um eine Luftmaschenkette herum.

Schritt 1: Häkle eine Luftmaschenkette mit der in der Anleitung angegebenen Anzahl von Luftmaschen.

Schritt 2–3: Häkle als nächstes eine feste Masche in die 2. Luftmasche ab der Nadel und dann laut Anleitung eine Masche in jede Luftmasche der Kette.

Schritt 4: In der letzten Masche vor dem Wenden, nimmst du eine Masche zu.

Schritt 5: Drehe deine Arbeit um und arbeite auf der Unterseite der Maschen weiter.

Du wirst sehen, dass dir nur ein Maschenglied zur Verfügung steht. Stich einfach in dieses Maschenglied ein. Häkle in jede Luftmasche die vorgegebenen Maschen.

Schritt 6: Die letzte Masche sollte neben der ersten gehäkelten Masche liegen. Nun kannst du in Spiralrunden weiterarbeiten.

QR-Code scannen oder **www.stitch.show/oval** eingeben.

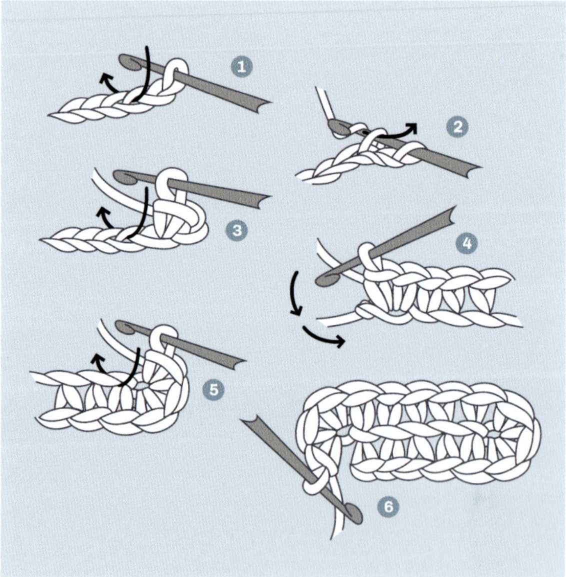

IN DER HINTEREN QUERRIPPE EINER LUFTMASCHENKETTE HÄKELN

Im Normalfall wird in die Vorderseite einer Lm-Kette gearbeitet, die wie eine Reihe aneinanderhängender „V“ aussieht. (1) Wenn du die Lm-Kette umdrehst, kannst du auf der Rückseite jeder Masche eine kleine „Querrippe“ erkennen (2 – blaue Markierung). Stich mit der Nadel unter dieser Querrippe ein und häkle die Masche so wie gewohnt.

QR-Code scannen oder **www.stitch.show/backridge** eingeben.

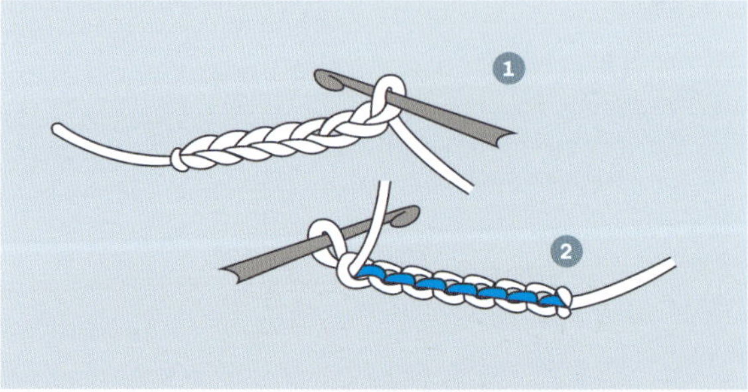

FARBWECHSEL – UNSICHTBARER FARBWECHSEL

Wenn du die Farbe wechseln willst, häkle bis zwei Maschen vor dem gewünschten Farbwechsel.

Schritt 1: Arbeite die nächste Masche wie gewohnt: Stich in die Masche ein und hole dir den Faden, jetzt liegen zwei Schlingen auf der Nadel. Ziehe nun aber nicht den Arbeitsfaden durch die Schlingen,

Schritt 2–3: sondern leg den Faden der neuen Farbe um deine Nadel und ziehe ihn durch die Schlingen. Für einen sauberen Übergang kannst du als erste Masche in der neuen Farbe auch eine Kettmasche häkeln. Ziehe den Faden dabei nicht zu fest an. Verknote am Schluss die beiden Garnenden auf der Rückseite.

QR-Code scannen oder **www.stitch.show/colorchange** eingeben.

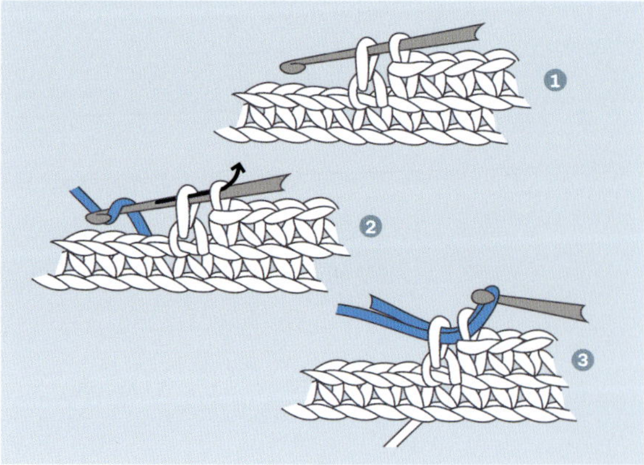

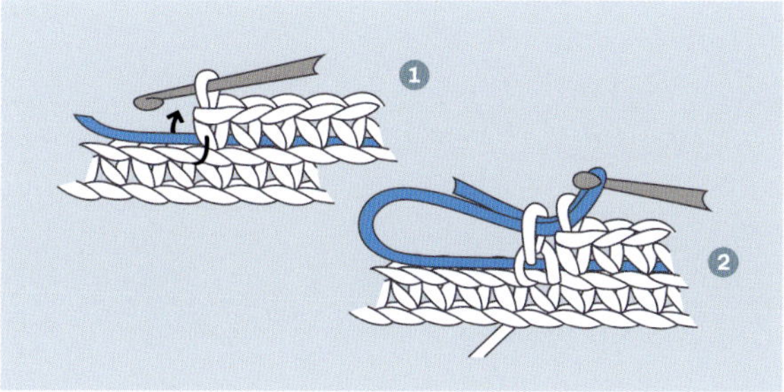

FARBWECHSEL – JACQUARD-TECHNIK

Beim Häkeln in Jacquard-Technik lässt du das Garn innerhalb der Maschen (auf dem „V“) mitlaufen, wenn du mit der anderen Farbe häkelst.

Schritt 1: Jedes Mal, wenn du eine Masche häkelst, schlingst du den Faden der Farbe, die du gerade nicht verwendest, um den Arbeitsfaden.

Schritt 2: Nimm diese Farbe im letzten Schritt des Farbwechsels wieder auf die Nadel. Der Wechsel muss immer in der Masche davor begonnen werden.

QR-Code scannen oder **www.stitch.show/tapestry** eingeben.

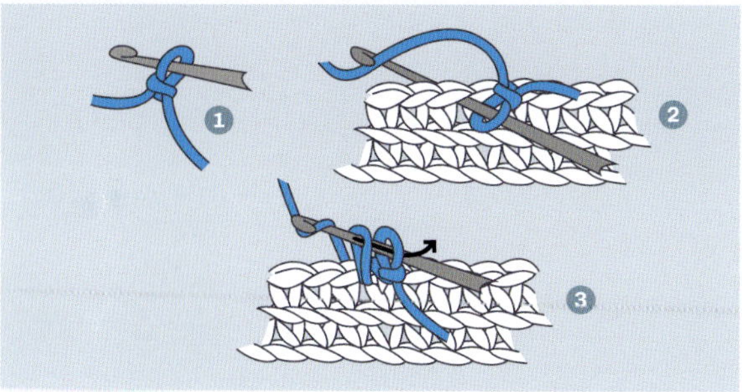

STEHENDE MASCHE AM RUNDENANFANG

Mit einer stehenden Masche am Rundenanfang kannst du unsichtbar eine neue Farbe anschlingen.

Schritt 1: Eine Anfangsschlinge in der neuen Farbe über die Nadel legen.

Schritt 2: Mit der Nadel in die angegebene Masche oder Lücke einstechen, den Faden holen und durch die Masche ziehen.

Schritt 3: Den Faden erneut holen und durch beide Schlingen auf der Nadel ziehen.

QR-Code scannen oder **www.stitch.show/standingsc** eingeben.

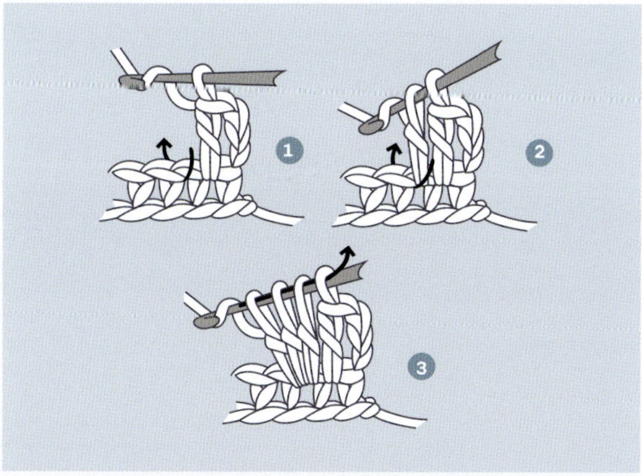

NOPPE

Noppen sind kleine erwünschte Erhebungen im Häkelbild und bestehen aus mehreren Maschen, die in dieselbe Masche gearbeitet wurden. Hier im Buch häkelst du sie aus 3 Stäbchen.

Schritt 1: Wickle den Faden von hinten nach vorne über die Nadel. Stich die Nadel in die nächste Masche ein.

Schritt 2: Hole den Faden und ziehe ihn durch die Masche. Du hast 3 Schlingen auf der Nadel. Hole den Faden erneut und ziehe ihn durch die ersten beiden Schlingen, sodass noch 2 Schlingen auf der Nadel liegen.

Schritt 3: Wiederhole Schritt 1 und 2 zweimal in dieselbe Masche, sodass 4 Schlingen auf der Nadel sind. Hole den Faden und ziehe ihn durch alle 4 Schlingen.

QR-Code scannen oder **www.stitch.show/bobble** eingeben.

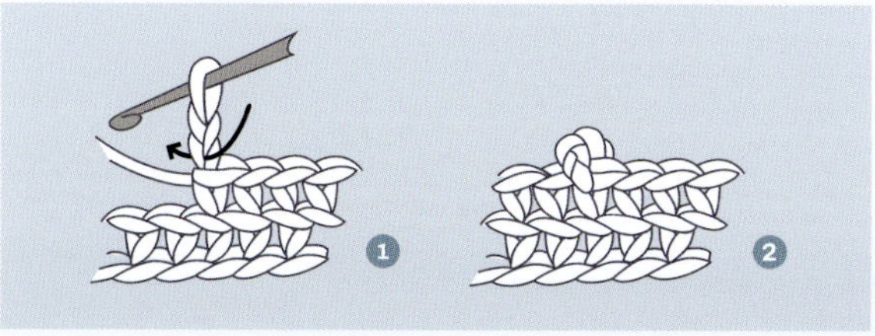

PICOT

Schritt 1: 3 Luftmaschen häkeln und mit der Häkelnadel in die 1. Luftmasche einstechen.

Schritt 2: Den Faden um die Nadel legen und durch beide Schlingen auf der Nadel ziehen.

Nun hast du ein Picot gehäkelt.

QR-Code scannen oder **www.stitch.show/picot** eingeben.

SCHLINGENMASCHE

Schritt 1: Lege dir den Faden in einer Schlinge um deinen Zeigefinger. Stich dann in die nächste Masche ein.

Schritt 2: Hole dir mit der Nadel den hinteren Faden der Schlinge und ziehe ihn durch die Masche. Der Zeigefinger bleibt dabei in der Schlinge. Auf der Nadel befinden sich jetzt 2 Schlingen.

Schritt 3: Hole dir den Faden und ziehe ihn durch beide Schlingen auf der Nadel.

Schritt 4: Ziehe jetzt den Zeigefinger aus der Schlinge.

QR-Code scannen oder **www.stitch.show/loop-variant** eingeben.

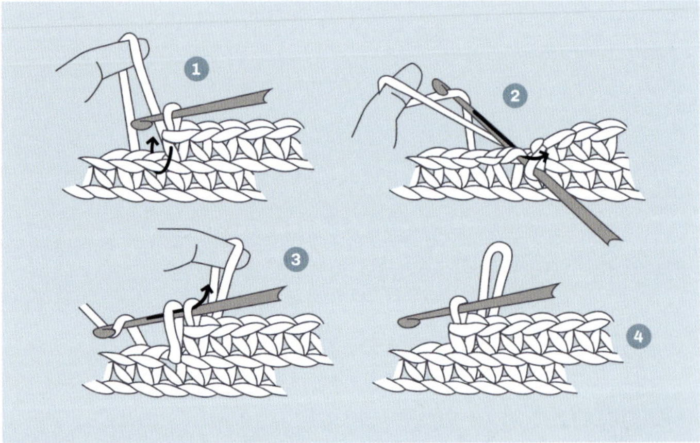

KREBSMASCHE

Für Krebsmaschen wendest du am Ende einer Reihe mit festen Maschen die Arbeit nicht. Jetzt arbeitest du von links nach rechts.

Schritt 1: Stich am linken Rand mit der Nadel in die 1. Masche ein.

Schritt 2: Hole dir den Faden und ziehe ihn durch die Masche. Es liegen nun 2 Schlingen auf der Nadel.

Schritt 3: Hole dir den Faden erneut und ziehe ihn durch beide Schlingen. Nun hast du die 1. Krebsmasche gehäkelt.

QR-Code scannen oder **www.stitch.show/crab** eingeben.

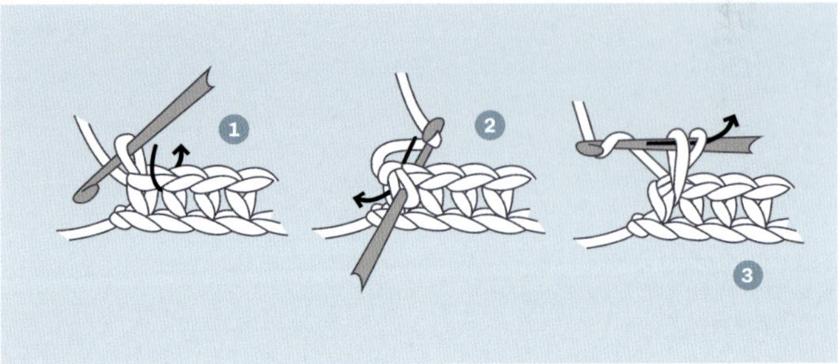

ABKETTEN

Schritt 1: Wenn du mit der Häkelarbeit fertig bist, schneide das Garn mit einigen Zentimetern Länge ab. Ziehe diesen Faden komplett durch die letzte Schlinge. So machst du einen Knoten.

Schritt 2: Führe das Garnende nun mit einer stumpfen Wollnadel durch das hintere Maschenglied der folgenden Masche. Dadurch bleibt dein Abschlussknoten unsichtbar.

Du kannst dieses Garnende auch dazu verwenden, die einzelnen Teile deines Amigurumis zusammenzunähen.

QR-Code scannen oder **www.stitch.show/fastenoff** eingeben.

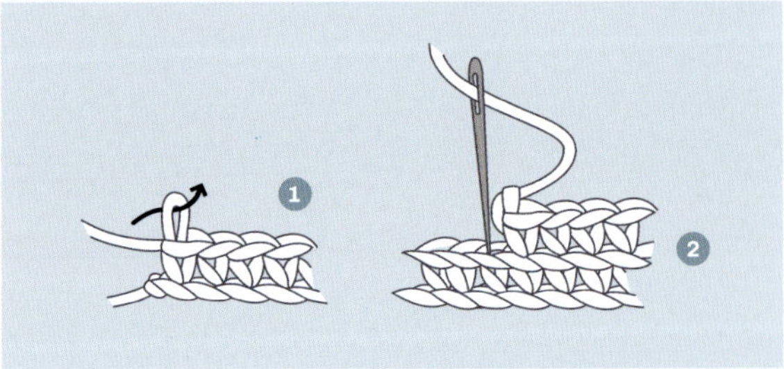

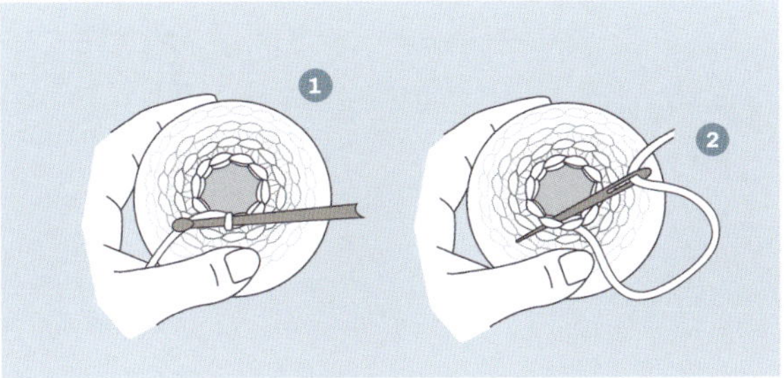

DAS HÄKELSTÜCK SCHLIESSEN

Schritt 1: Nach den abschließenden Abnahmen in der letzten Runde, bleibt bei einigen Teilen am Ende eine kleine Öffnung.

Schritt 2: Abketten und einen langen Faden zum Nähen lassen. Fädle das Garnende durch eine Wollnadel und stich durch die vorderen Maschenglieder der verbleibenden Maschen in der letzten Runde. Fest anziehen, das Garn verknoten und das Garnende vernähen.

QR-Code scannen oder **www.stitch.show/closing** eingeben.

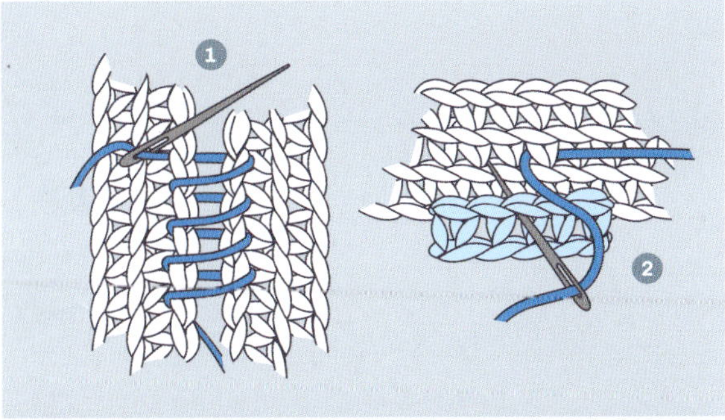

TEILE MITEINANDER VERBINDEN (ZUSAMMENNÄHEN)

Zuerst solltest du die Teile, die du zusammennähen möchtest, mit Stecknadeln aneinanderstecken. So kannst du sehen, ob die Teile zusammenpassen und gegebenenfalls noch etwas ändern.
Verwende zum Nähen das übrig gebliebene Garnende oder einen neuen Faden in der Farbe jener Teile, die du verbinden möchtest.

Option 1 – Wenn du offene Teile verbinden möchtest: Positioniere das Teil am Körper und nähe entlang der Öffnung, jeweils durch die vorderen Maschen.

Option 2 – Wenn die Öffnung vor dem Annähen geschlossen wird, kannst du die Teile Masche auf Masche legen und durch beide Maschenglieder des offenen Teils und zwischen den Maschen des geschlossenen Teils nähen. Verwende einen Faden in der gleichen Farbe wie eines der Teile, die du verbinden möchtest.

QR-Code scannen oder **www.stitch.show/joining-sewing** eingeben.

TIPP: Achte immer darauf, dass alle Teile fest miteinander verbunden sind, damit sie nicht abgerissen werden können – vor allem, wenn du Amigurumis an Kinder verschenkst. Mach kleine, saubere und möglichst unsichtbare Stiche.

TIPP: DAS GARN TEILEN

Nähst du flache Teile an ein ausgestopftes Teil, z. B. Wangen oder Augenflecken, verwende entweder das Garnende und eine Wollnadel oder Nähgarn in der passenden Farbe und eine Nähnadel. Wenn du das Garnende verwendest, kannst du es in einzelne Fäden aufteilen und zum Nähen nur einen oder zwei Fäden nehmen (je nach gewähltem Garn). So wird die Naht dünner und sauberer.

TIPP: EIN GERADES UND EIN GEBEUGTES BEIN FESTNÄHEN

Überprüfe vor dem Feststecken und Festnähen immer die Position der Füße.

Gerades Bein: Den offenen, oberen Rand des Beins über 2–3 Runden feststecken und rundherum nähen.

Gebeugtes Bein: Den oberen Rand des Beins flach drücken und mit einer Wollnadel zunähen. Das Bein zwischen zwei Runden feststecken und dann, der Form der Runde folgend, am Körper festnähen. Beim Sitzen beugt sich das Bein und in einer stehenden Position streckt es sich wieder.

Urbano,
DER WIEDEHOPF

Langweilige braune Federn? Keine Spur! Urbano, der Wiedehopf, trägt eine Punk-Frisur und hat einen schwarz-weiß gestreiften Körper, der an ein Kunstwerk erinnert. Dieses kleine Kerlchen hat nicht nur Stil, sondern reist auch gerne. Im Winter zieht es ihn aus Europa und Asien in das sonnige Afrika , denn er fliegt Richtung Süden, um der Kälte zu entkommen. Doch Urbano ist auch ein Familienvogel. Er und seine Partnerin wechseln sich beim Ausbrüten der Eier ab und ziehen ihre Jungen gemeinsam groß. Ja, sogar hinter dem elegantesten Federkleid kann sich ein sehr weiches Herz verbergen.

Amigurumi-Galerie: QR-Code scannen oder **www.amigurumi.com/4901** besuchen und Bilder teilen oder kreative Anregungen finden.

MATERIAL:
Baumwollgarn (LL 57,5 m/25 g) in
- Senfgelb
- Schwarz
- Weiß
- Braun
- Gelb

Häkelnadel 2,5 mm
Sicherheitsaugen (12 mm)
Wollnadel
Stecknadeln
Maschenmarkierer
Füllwatte

SCHWIERIGKEITSGRAD: **
GRÖSSE: ca. 20 cm hoch und 20 cm lang

KOPF UND KÖRPER *(mit Senfgelb beginnen)*

1. Rd: 6 fM in einen Fadenring arbeiten. [6]
2. Rd: 6 x 1 M zun. [12]
3. Rd: * 1 M zun, 1 fM; ab * insg. 6 x wdh. [18]
4. Rd: * 1 M zun, 2 fM; ab * insg. 6 x wdh. [24]
5. Rd: * 1 M zun, 3 fM; ab * insg. 6 x wdh. [30]
6. Rd: * 1 M zun, 4 fM; ab * insg. 6 x wdh. [36]
7. Rd: * 1 M zun, 5 fM; ab * insg. 6 x wdh. [42]
8.–18. Rd: 42 fM häkeln. [42]
In der nächsten Rd häkeln wir das „Rückgrat" des Wiedehopfs.
19. Rd: 13 Lm arbeiten (Abb. 1), in die 2. Lm ab der Nd einstechen, 12 fM, in den M der 18. Rd weiterhäkeln (Abb. 2) und 42 fM arbeiten, auf der anderen Seite der Lm-Kette weiterarbeiten (Abb. 3), 12 fM. [66] (Abb. 4)
Die letzte M mit einem MM markieren. Das ist der neue Rd-Anfang.
20. Rd: 3 fM in die nächste M, 64 fM, 3 fM in die nächste M. [70]
21. Rd: 1 fM, 1 M zun, 66 fM, 1 M zun, 1 fM. [72]
Mit Schwarz weiterarbeiten.
22.–24. Rd: 72 fM häkeln. [72]
Mit Weiß weiterarbeiten.
25.–27. Rd: 72 fM häkeln. [72]
Mit Schwarz weiterarbeiten.
28.–30. Rd: 72 fM häkeln. [72]
Mit Weiß weiterarbeiten.
31.–33. Rd: 72 fM häkeln. [72]
Die Sicherheitsaugen vorne, zwischen der 13. und 14. Rd mit einem Abstand von 14 M einsetzen. (Abb. 5)
Mit Schwarz weiterarbeiten.
34. Rd: * 5 fM, 1 M abn, 5 fM; ab * insg. 6 x wdh. [66]
35. Rd: * 9 fM, 1 M abn; ab * insg. 6 x wdh. [60]
36. Rd: * 4 fM, 1 M abn, 4 fM; ab * insg. 6 x wdh. [54]
Mit Weiß weiterarbeiten.
37. Rd: * 7 fM, 1 M abn; ab * insg. 6 x wdh. [48]
38. Rd: * 3 fM, 1 M abn, 3 fM; ab * insg. 6 x wdh. [42]
39. Rd: * 5 fM, 1 M abn; ab * insg. 6 x wdh. [36]
Kopf und Körper gut mit Füllwatte ausstopfen und beim Häkeln nach und nach weiter ausstopfen.
40. Rd: * 2 fM, 1 M abn, 2 fM; ab * insg. 6 x wdh. [30]
41. Rd: * 3 fM, 1 M abn; ab * insg. 6 x wdh. [24]
42. Rd: * 1 fM, 1 M abn, 1 fM; ab * insg. 6 x wdh. [18]
43. Rd: * 1 fM, 1 M abn; ab * insg. 6 x wdh. [12]

44. Rd: 6 x 1 M abn. [6]
Abketten und einen Faden zum Nähen lassen. Mit der Wollnadel das Fadenende durch die vorderen M-Glieder der letzten 6 M führen. Fest anziehen und den Körper schließen. Dann die Garnenden vernähen. (Abb. 6)

SCHNABEL *(in Braun)*

1. Rd: 5 fM in einen Fadenring arbeiten. [5]
2.–3. Rd: 5 fM häkeln. [5]
4. Rd: 1 M zun, 4 fM. [6]
5.–6. Rd: 6 fM häkeln. [6]
7. Rd: 1 M zun, 5 fM. [7]
8.–9. Rd: 7 fM häkeln. [7]
10. Rd: 1 M zun, 6 fM. [8]
11. Rd: 8 fM häkeln. [8]
Abketten und einen langen Faden zum Nähen lassen. Wenn du möchtest, kannst du den Schnabel leicht mit Füllwatte ausstopfen.

WANGE *(2 x, in Gelb)*

1. Rd: 5 fM in einen Fadenring arbeiten. [5]
2. Rd: 5 x 1 M zun. [10]
Abketten und einen langen Faden zum Nähen lassen.

ERSTE KOPFFEDER *(mit Schwarz beginnen)*

1. Rd: 6 fM in einen Fadenring arbeiten. [6]
2. Rd: * 1 M zun, 2 fM; ab * insg. 2 x wdh. [8]
3. Rd: 8 fM häkeln. [8]
Mit Senfgelb weiterarbeiten.
4.–6. Rd: 8 fM häkeln. [8]
Die Feder flach drücken. Die letzte M befindet sich dabei an der Seite.
Die nächste R durch beide Lagen häkeln und so die Feder schließen. (Abb. 7)
Abschluss-R: 4 fM häkeln. [4]
Abketten und einen langen Faden zum Nähen lassen. (Abb. 8)

ZWEITE KOPFFEDER *(mit Schwarz beginnen)*

1. Rd: 6 fM in einen Fadenring arbeiten. [6]
2. Rd: * 1 M zun, 2 fM; ab * insg. 2 x wdh. [8]
3. Rd: 8 fM häkeln. [8]
Mit Senfgelb weiterarbeiten.
4.–7. Rd: 8 fM häkeln. [8]
Die Feder flach drücken. Die letzte M befindet sich dabei an der Seite. Die nächste R durch beide Lagen häkeln und so die Feder schließen.
Abschluss-R: 4 fM häkeln. [4]
Abketten und einen langen Faden zum Nähen lassen.

DRITTE UND FÜNFTE KOPFFEDER
(2 x, mit Schwarz beginnen)

1. Rd: 6 fM in einen Fadenring arbeiten. [6]
2. Rd: * 1 M zun, 2 fM; ab * insg. 2 x wdh. [8]
3. Rd: * 1 M zun, 3 fM; ab * insg. 2 x wdh. [10]
Mit Senfgelb weiterarbeiten.
4.–9. Rd: 10 fM häkeln. [10]
10. Rd: 4 fM, 1 M abn, 4 fM. [9]
11. Rd: 7 fM, 1 M abn. [8]
Die Feder flach drücken. Die letzte M befindet sich dabei an der Seite. Die nächste R durch beide Lagen häkeln und so die Feder schließen.
Abschluss-R: 4 fM häkeln. [4]
Abketten und einen langen Faden zum Nähen lassen.

VIERTE KOPFFEDER *(mit Schwarz beginnen)*

1. Rd: 6 fM in einen Fadenring arbeiten. [6]
2. Rd: * 1 M zun, 2 fM; ab * insg. 2 x wdh. [8]
3. Rd: * 1 M zun, 3 fM; ab * insg. 2 x wdh. [10]
Mit Senfgelb weiterarbeiten.
4.–10. Rd: 10 fM häkeln. [10]
11. Rd: 4 fM, 1 M abn, 4 fM. [9]
12. Rd: 7 fM, 1 M abn. [8]
Die Feder flach drücken. Die letzte M befindet sich dabei an der Seite.
Die nächste R durch beide Lagen häkeln und so die Feder schließen.
Abschluss-R: 4 fM häkeln. [4]
Abketten und einen langen Faden zum Nähen lassen. (Abb. 9)

SCHWANZ *(mit Schwarz beginnen)*

7 Lm anschlagen. Entlang beider Seiten der Lm-Kette in Rd häkeln.
1. Rd: In die 2. Lm ab der Nd einstechen, 5 fM, 3 fM in

die letzte Lm häkeln. Auf der Rückseite der Lm-Kette weiterarbeiten. 4 fM, 2 fM in die letzte M. [14] (Abb. 10)
2. Rd: * 6 fM, 1 M zun; ab * insg. 2 x wdh. [16]
3.–5. Rd: 16 fM häkeln. [16]
Mit Weiß weiterarbeiten.
6. Rd: 16 fM häkeln. [16]
7. Rd: * 1 M abn, 6 fM; ab * insg. 2 x wdh. [14]
Mit Schwarz weiterarbeiten.
8.–9. Rd: 14 fM häkeln. [14]
10. Rd: * 1 M abn, 5 fM; ab * insg. 2 x wdh. [12]
11. Rd: 12 fM häkeln. [12]
Abketten und einen langen Faden zum Nähen lassen. (Abb. 11)
Den Schwanz nicht ausstopfen.

FLÜGEL *(2 x, mit Schwarz beginnen)*

8 Lm anschlagen. Entlang beider Seiten der Lm-Kette in Rd häkeln.
1. Rd: In die 2. Lm ab der Nd einstechen, 6 fM, 3 fM in die letzte Lm häkeln. Auf der Rückseite der Lm-Kette weiterarbeiten, 6 fM. [15]
2. Rd: 6 fM, 3 x 1 M zun, 6 fM. [18]
3. Rd: 6 fM, * 1 fM, 1 M zun; ab * insg. 3 x wdh, 6 fM. [21]
Mit Weiß weiterarbeiten.
4. Rd: 6 fM, * 2 fM, 1 M zun; ab * insg. 3 x wdh, 6 fM. [24]
5. Rd: 6 fM, * 3 fM, 1 M zun; ab * insg. 3 x wdh, 6 fM. [27]
6. Rd: 6 fM, * 4 fM, 1 M zun; ab * insg. 3 x wdh, 6 fM. [30]
Mit Schwarz weiterarbeiten.
7. Rd: 6 fM, * 5 fM, 1 M zun; ab * insg. 3 x wdh, 6 fM. [33]
8. Rd: 6 fM, * 6 fM, 1 M zun; ab * insg. 3 x wdh, 6 fM. [36]
9. Rd: 6 fM, * 7 fM, 1 M zun; ab * insg. 3 x wdh, 6 fM. [39]
Mit Weiß weiterarbeiten. (Abb. 12)
10. Rd: 6 fM, * 8 fM, 1 M zun; ab * insg. 3 x wdh, 6 fM. [42]

Den rechten Flügel abketten und das Garnende vernähen. Den linken Flügel nicht abketten, sondern wie unten beschrieben weitermachen. Die Flügel nicht ausstopfen.

LINKER FLÜGEL

1 fM häkeln. Dann den Flügel flach drücken, die letzte M befindet sich dabei an der Seite. Die nächste R durch beide Lagen häkeln und so den Flügel schließen. (Abb. 13)
Abschluss-R: 21 fM häkeln. [21]
Abketten und Garnenden vernähen. (Abb. 14)
Mit schwarzem Garn in der 13. M der Abschluss-R neu anschlingen. (Abb. 15)
Federreihe: 2 Lm + 3 Stb in die M, in der neu angeschlungen wurde, nächste M überspringen, * 1 Km + 3 Lm + 3 DStb in die nächste M, die nächsten 2 M überspringen; ab * insg. 2 x wdh, 1 Km. [3 Bögen] (Abb. 16)
Abketten und Garnenden vernähen.

RECHTER FLÜGEL

Den Flügel in der Hälfte zusammenfalten und flach drücken. Dann mit Weiß in der Ecke zwischen der langen

und der geschwungenen Kante neu anschlingen. (Abb. 17) Die nächste R durch beide Lagen häkeln und so den Flügel schließen.

Abschluss-R: 21 fM häkeln. [21]

Abketten und Garnenden vernähen.

Mit Schwarz in der 1. M der Abschluss-R neu anschlingen. (Abb. 18)

Federreihe: * 3 Lm + 3 DStb in die M, in der neu angeschlungen wurde, die nächsten 2 M überspringen, 1 Km + 3 Lm + 3 DStb in die nächste M, die nächsten 2 M überspringen, 1 Km + 2 Lm + 3 Stb in die nächste M, die nächste M überspringen, 1 Km. [3 Bögen] (Abb. 19)

Abketten und Garnenden vernähen. (Abb. 20)

BEIN *(2 x, in Braun)*

Einen langen Anfangsfaden lassen.

1. Rd: 8 fM in einen Fadenring arbeiten. [8]

Das Garnende an die Außenseite der Arbeit führen. Damit wird später das Bein am Körper festgenäht.

2.–8. Rd: 8 fM häkeln. [8]

Abketten und einen langen Faden zum Nähen lassen. Das Bein leicht mit Füllwatte ausstopfen.

FUSS *(2 x)*

Wir beginnen mit 3 Krallen für jeden Fuß, die wir später miteinander verbinden.

MITTLERE KRALLE *(2 x, eine für jeden Fuß, in Braun)*

1. Rd: 6 fM in einen Fadenring arbeiten. [6]

2.–5. Rd: 6 fM häkeln. [6]

Abketten und Garnende vernähen. Die Krallen werden nicht ausgestopft.

SEITLICHE KRALLE *(4 x, zwei für jeden Fuß, in Braun)*

1. Rd: 6 fM in einen Fadenring arbeiten. [6]

2.–4. Rd: 6 fM häkeln. [6]

Die 1. seitliche Kralle abketten und das Garnende vernähen.

Die 2. seitliche Kralle nicht abketten. Die Krallen werden nicht ausgestopft.

In der nächsten Rd verbinden wir die Krallen miteinander.

DIE KRALLEN VERBINDEN *(in Braun)*

1. Rd: 4 fM entlang der 2. seitlichen Kralle, 2 fM entlang der mittleren Kralle, 5 fM entlang der 1. seitlichen Kralle, die letzte M dieser Kralle überspringen, die 1. M der mittleren Kralle überspringen, 2 fM entlang der mittleren Kralle, die letzte M der mittleren Kralle überspringen, die nächste M der 2. seitlichen Kralle überspringen, 1 feste M in die 2. seitliche Kralle. [14] (Abb. 21)

***✶ ANMERKUNG:** Zwischen den Krallen entstehen kleine Lücken, doch da die Krallen nicht ausgestopft werden und flach bleiben, sind sie unsichtbar.*

2. Rd: * 1 M abn, 5 fM; ab * insg. 2 x wdh. [12]

3. Rd: 6 x 1 M abn. [6]

4. Rd: 6 fM häkeln. [6]

Abketten und einen Faden zum Nähen lassen. Den Fuß nicht ausstopfen.

Mit der Wollnadel das Fadenende durch die vorderen M-Glieder der letzten 6 M führen. Fest anziehen und den Fuß schließen. Die Garnenden vernähen.

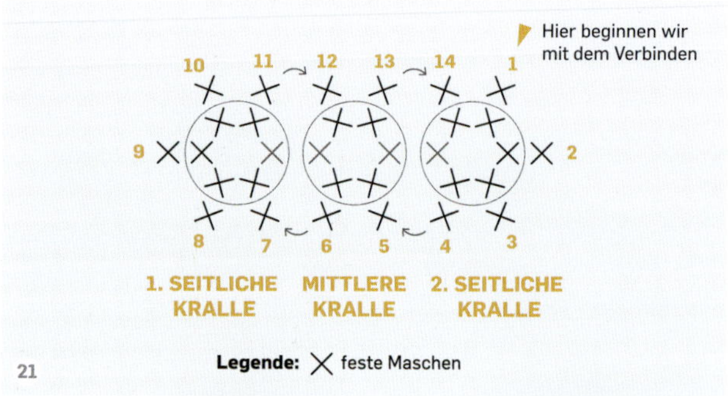

21

22

23

24

25

FERTIGSTELLUNG

***✶ TIPP:** Es empfiehlt sich, alle Teile vor dem Annähen mit Stecknadeln festzustecken.*

- Den Schnabel zwischen der 13. und 14. Rd mittig zwischen den Augen festnähen.
- Die Wangen leicht versetzt unterhalb der Augen befestigen.
- Die Kopffedern oben am Kopf feststecken. Die 1. Feder in der 8. Rd und in einer Linie mit dem Schnabel positionieren. (Abb. 22–23) Die Kopffedern über jeweils 2 Rd hintereinander festnähen.
- Die Flügel am Körper feststecken. In der 22. Rd beginnen und das Streifenmuster der Flügel an den Streifen am Körper ausrichten. Nur die gerade, vertikale Kante am Körper festnähen. Der restliche Flügel bleibt unbefestigt. (Abb. 24)
- Den Schwanz auf der Rückseite zwischen der 21. und 22. Rd befestigen.
- Die Beine an den Füßen festnähen. Dann den oberen Rand der Beine vorne zwischen der 40. und 41. Rd mit einem Abstand von 6 M unten am Körper festnähen. (Abb. 25) Bringe die Füße so an, dass der Wiedehopf gut sitzen kann. Die Krallen zeigen nach oben.

Blush,
DIE FLAMINGODAME

Aus der Menge herausstechen? Blush, die Flamingodame, kennt dieses Gefühl. Ihre Federn schreien praktisch nach Aufmerksamkeit und ihre langen Beine sehen so aus, als ob sie sich immer miteinander verheddern. Beim Schütteln ihrer leuchtenden Federn wundert sich Blush jedes Mal, warum sie sich derart von den anderen unterscheidet. Es hat sich gezeigt: Offenbar kommt die rosa Farbe von ihren heißgeliebten Algen und Shrimps. Und auf einem Bein zu stehen ist nicht nur sehr bequem, sondern wirkt auch ausgesprochen grazil! Blush hat mittlerweile aufgehört, sich so viele Gedanken zu machen, und akzeptiert einfach, dass sie ein wunderschöner Flamingo ist.

Amigurumi-Galerie: QR-Code scannen oder **www.amigurumi.com/4902** besuchen und Bilder teilen bzw. kreative Anregungen finden.

MATERIAL:
Baumwollgarn (LL 57,5 m/25 g) in
- Rosa *(75 g)*
- Hellrosa
- Weiß
- Schwarz
- Hellgrau

Häkelnadel 2,5 mm
Sicherheitsaugen (10 mm)
Wollnadel
Stecknadeln
Maschenmarkierer
Füllwatte

SCHWIERIGKEITSGRAD: ★★★
GRÖSSE: ca. 35,5 cm hoch (ohne Beine)

KOPF UND KÖRPER *(mit Rosa beginnen)*

7 Lm anschlagen. Entlang beider Seiten der Lm-Kette in Rd häkeln.

1. Rd: In die 2. Lm ab der Nd einstechen, 5 fM, 5 fM in die letzte Lm häkeln. Auf der Rückseite der Lm-Kette weiterarbeiten. 4 fM, 4 fM in die letzte M. [18] (Abb. 1)

2. Rd: * 6 fM, 3 x 1 M zun; ab * insg. 2 x wdh. [24]

3. Rd: 6 fM, * 1 fM, 1 M zun; ab * insg. 3 x wdh, 6 fM, * 1 fM, 1 M zun; ab * insg. 3 x wdh. [30]

4. Rd: 6 fM, * 1 M zun, 2 fM; ab * insg. 3 x wdh, 6 fM, * 1 M zun, 2 fM; ab * insg. 3 x wdh. [36]

5. Rd: 6 fM, * 3 fM, 1 M zun; ab * insg. 3 x wdh, 6 fM, * 3 fM, 1 M zun; ab * insg. 3 x wdh. [42]

6. Rd: 6 fM, * 1 M zun, 4 fM; ab * insg. 3 x wdh, 6 fM, * 1 M zun, 4 fM; ab * insg. 3 x wdh. [48]

7. Rd: 6 fM, * 5 fM, 1 M zun; ab * insg. 3 x wdh, 6 fM, * 5 fM, 1 M zun; ab * insg. 3 x wdh. [54]

8. Rd: 6 fM, * 1 M zun, 6 fM; ab * insg. 3 x wdh, 6 fM, * 1 M zun, 6 fM; ab * insg. 3 x wdh. [60] (Abb. 2)

9.–17. Rd: 60 fM häkeln. [60]

In der nächsten Rd teilen wir die Häkelarbeit in zwei Teile, einen für Kopf sowie Schnabel und einen für den Hals.

18. Rd: 9 fM, 6 Lm (Abb. 3), die nächsten 24 M überspringen, 27 fM. (Abb. 4) [36 + 6 Lm]

Jetzt rund um die größte Öffnung häkeln und mit dem Kopf und dem Schnabel weitermachen. (Abb. 5)

19. Rd: 9 fM, fM in die nächsten 6 Lm (Abb. 6), 27 fM. [42] (Abb. 7)

20.–21. Rd: 42 fM häkeln. [42]

22. Rd: * 5 fM, 1 M abn; ab * insg. 6 x wdh. [36]

23. Rd: * 2 fM, 1 M abn, 2 fM; ab * insg. 6 x wdh. [30]

24. Rd: * 3 fM, 1 M abn; ab * insg. 6 x wdh. [24] (Abb. 8)

★ ***TIPP:*** *Die Km der 25. Rd eher locker häkeln. So lässt es sich in der 26. Rd leichter in die M einstechen.*

25. Rd: 24 Km häkeln. [24]

Mit Weiß weiterarbeiten.

26. Rd: in die Km der 25. Rd arbeiten, 24 fM. [48] (Abb. 9–10)

27.–29. Rd: 24 fM häkeln. [24]

30. Rd: 2 fM, mit Schwarz weiterarbeiten, 22 fM. [24]

31.–33. Rd: 24 fM häkeln. [24]

34. Rd: 1 M abn, 6 fM, * 1 M zun, 1 fM; ab * insg. 3 x wdh, 6 fM, 2 x 1 M abn. [24]

★ ***ANMERKUNG:*** *Die Zunahmen in der 34. Rd sollten Richtung Halsöffnung zeigen.*

35. Rd: 24 fM häkeln. [24]

36. Rd: 1 M abn, 18 fM, 2 x 1 M abn. [21]

37. Rd: 2 x 1 M abn, 15 fM, 1 M abn. [18]

38. Rd: 18 fM häkeln. [18]

39. Rd: 2 x 1 M abn, 12 fM, 1 M abn. [15]

40. Rd: 2 x 1 M abn, 9 fM, 1 M abn. [12]

41. Rd: 6 x 1 M abn. [6]

Abketten und einen Faden zum Nähen lassen. Mit der Wollnadel das Fadenende durch die vorderen M-Glieder

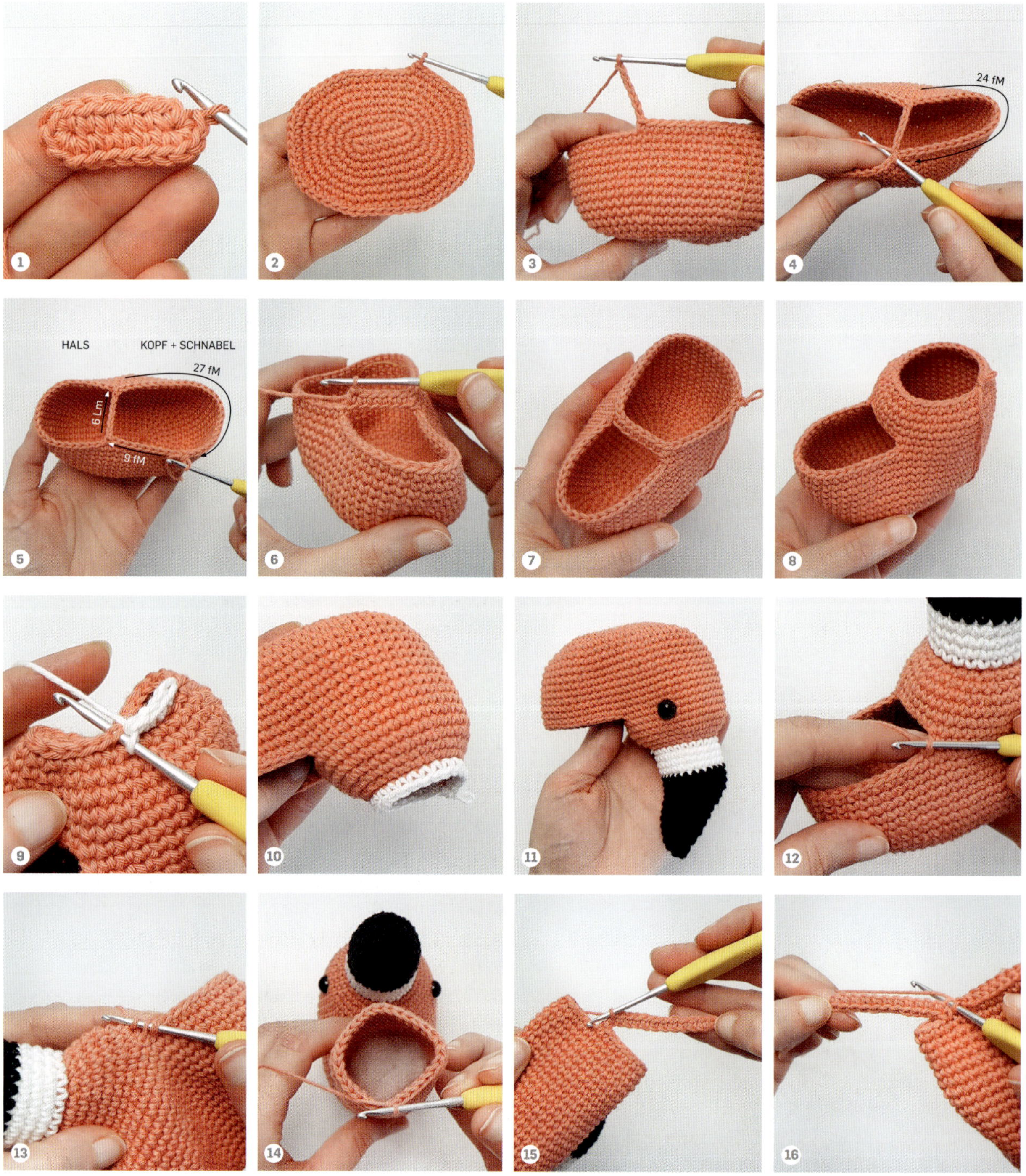
1
2
3
24 fM
4
HALS
KOPF + SCHNABEL
27 fM
6 Lm
9 fM
5
6
7
8
9
10
11
12
13
14
15
16

der letzten 6 M führen. Fest anziehen und den Schnabel schließen. Die Garnenden vernähen.
Die Sicherheitsaugen am Kopf zwischen der 19. und 20. Rd mit einem Abstand von 20 M und etwa 6 M von der Halsöffnung entfernt einsetzen. (Abb. 11) Schnabel und Kopf gut mit Füllwatte ausstopfen und beim Häkeln nach und nach weiter ausstopfen.
Mit dem Hals weitermachen. Mit Rosa in der ersten übersprungenen M der 18. Rd neu anschlingen. (Abb. 12) Der Kopf des Flamingos zeigt von dir weg.
19. Rd: 24 fM, fM in die 6 unbearbeiteten M-Glieder der Lm. [30]
⋆ TIPP: *Für einen sauberen Anfang ohne Lücke kannst du die 19. Rd auch mit einer Abnahme zwischen der seitlichen Halskante und der am nächsten gelegenen M beginnen. (Abb. 13) Oder du schließt die kleine Lücke später mit einer Wollnadel und einem Stück rosa Garn.*
20.–47. Rd: 30 fM häkeln. [30]
17 fM bis zur hinteren Halsmitte. (Abb. 14) In der letzten M der Rd einen MM anbringen. In der nächsten Rd häkeln wir das „Rückgrat" des Flamingos.
48. Rd: 13 Lm häkeln, in die 2. Lm ab der Nd einstechen, 12 fM (Abb. 15), entlang der 47. Rd weitermachen, 30 fM, auf der anderen Seite der Lm-Kette weiterhäkeln (Abb. 16), 12 fM. [54] (Abb. 17) Die letzte M mit einem MM markieren. Das ist der neue Rd-Anfang.
49. Rd: 3 fM in die nächste M, 52 fM, 3 fM in die nächste M. [58]
50. Rd: 1 fM, 1 M zun, 55 fM, 1 M zun. [60]
51.–67. Rd: 60 fM häkeln. [60] (Abb. 18)
68. Rd: * 4 fM, 1 M abn, 4 fM; ab * insg. 6 x wdh. [54]
69. Rd: * 7 fM, 1 M abn; ab * insg. 6 x wdh. [48]
70. Rd: * 3 fM, 1 M abn, 3 fM; ab * insg. 6 x wdh. [42]
71. Rd: * 5 fM, 1 M abn; ab * insg. 6 x wdh. [36]
72. Rd: * 2 fM, 1 M abn, 2 fM; ab * insg. 6 x wdh. [30]
73. Rd: * 3 fM, 1 M abn; ab * insg. 6 x wdh. [24]
74. Rd: * 1 fM, 1 M abn, 1 fM; ab * insg. 6 x wdh. [18]
75. Rd: * 1 fM, 1 M abn; ab * insg. 6 x wdh. [12]
76. Rd: 6 x 1 M abn. [6]
Abketten und einen Faden zum Nähen lassen. Mit der Wollnadel das Fadenende durch die vorderen M-Glieder der letzten 6 M führen. Fest anziehen und den Körper schließen.
Das Garnende vernähen. (Abb. 19)

FLÜGEL *(2 x in Hellrosa)*

1. Rd: 6 fM in einen Fadenring arbeiten. [6]
2. Rd: * 3 fM in die nächste M, 2 fM; ab * insg. 2 x wdh. [10]
3. Rd: * 1 fM, 3 fM in die nächste M, 3 fM; ab * insg. 2 x wdh. [14]
4. Rd: 2 fM, 3 fM in die nächste M, 4 fM; ab * insg. 2 x wdh. [18]
5. Rd: 3 fM, 3 fM in die nächste M, 5 fM; ab * insg. 2 x wdh. [22]
6. Rd: 4 fM, 3 fM in die nächste M, 6 fM; ab * insg. 2 x wdh. [26] (Abb. 20)
7. Rd: * 5 fM, 1 M zun, 7 fM; ab * insg. 2 x wdh. [28]
8.–16. Rd: 28 fM häkeln. [28]
17. Rd: 28 fM häkeln, dabei ihM. [28]
⋆ ANMERKUNG: *In die restlichen vorderen M-Glieder häkeln wir später die Federn.*

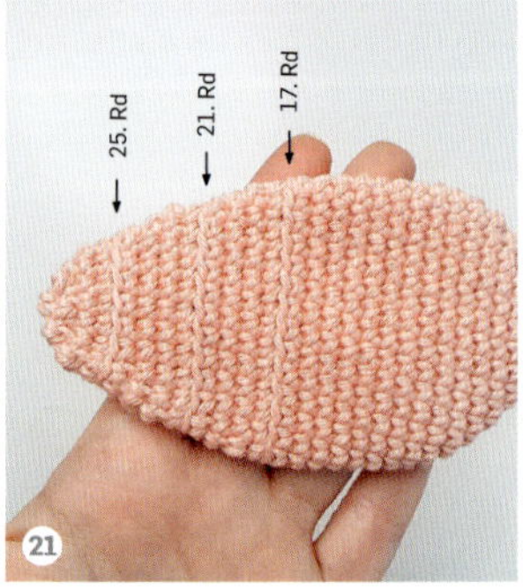

18. Rd: 8 fM, 1 M abn, 12 fM, 1 M abn, 4 fM. [26]
Drücke den Flügel kurz flach (und vergewissere dich, dass die Zu- und Abnahmen an den Flügelseiten liegen) und arbeite dann in der Rd weiter.
19. Rd: 7 fM, 1 M abn, 11 fM, 1 M abn, 4 fM. [24]
20. Rd: 6 fM, 1 M abn, 10 fM, 1 M abn, 4 fM. [22]
21. Rd: 22 fM häkeln, dabei ihM. [22]
22. Rd: 6 fM, 1 M abn, 9 fM, 1 M abn, 3 fM. [20]
23. Rd: 5 fM, 1 M abn, 8 fM, 1 M abn, 3 fM. [18]
24. Rd: 4 fM, 1 M abn, 7 fM, 1 M abn, 3 fM. [16]
25. Rd: 16 fM häkeln, dabei ihM. [16]
26. Rd: 4 fM, 1 M abn, 6 fM, 1 M abn, 2 fM. [14]
27. Rd: 7 x 1 M abn. [7]
Abketten und Garnenden vernähen. Die Flügel nicht ausstopfen.

***★ ANMERKUNG:** Keine Sorge wegen der versetzten Rd-Anfänge der ins hintere M-Glied gehäkelten Rd. Sie sitzen auf der Flügelrückseite und sind unsichtbar, sobald der Flügel am Körper befestigt ist.*

FEDERN

Die Federn werden in die unbearbeiteten vorderen M-Glieder der 17., 21. und 25. Flügel-Rd gehäkelt. (Abb. 21)

ERSTE FEDERREIHE *(in Hellrosa)*

Mit Hellrosa im vorderen M-Glied neu anschlingen, das an der Seite der 17. Rd sitzt. (Abb. 22) Die Flügelspitze zeigt beim Häkeln von dir weg.

1. R: * 3 Lm, 3 DStb in dieselbe M (Abb. 23), 2 M überspringen, 1 Km in die nächste M (Abb. 24); ab * insg. 4 x wdh. [4 Federn] (Abb. 25)

Abketten und Garnenden vernähen.

ZWEITE FEDERREIHE *(in Hellrosa)*

Mit Hellrosa im vorderen M-Glied neu anschlingen, das an der Seite der 21. Rd sitzt. Die Flügelspitze zeigt beim Häkeln von dir weg.

1. R: * 3 Lm, 3 DStb in dieselbe M, 2 M überspringen, 1 Km in die nächste M; ab * insg. 3 x wdh. [3 Federn]

Abketten und Garnenden vernähen.

DRITTE FEDERREIHE *(in Hellrosa)*

Mit Hellrosa im vorderen M-Glied neu anschlingen, das an der Seite der 25. Rd sitzt. Die Flügelspitze zeigt beim Häkeln von dir weg.

1. R: * 3 Lm, 3 DStb in dieselbe M, 2 M überspringen, 1 Km in die nächste M; ab * insg. 2 x wdh. [2 Federn]

Abketten und Garnenden vernähen.

FUSS *(2 x, in Hellgrau)*

1. Rd: 6 fM in einen Fadenring arbeiten. [6]

2. Rd: * 1 M zun, 1 fM; ab * insg. 3 x wdh. [9]

In der nächsten Rd arbeiten wir eine Lücke für das Bein.

3. Rd: 3 fM, 3 Lm, 3 M überspringen, 3 fM. [6 + 3 Lm] (Abb. 26)

4. Rd: 1 M zun, 2 fM, in der nächsten Lm 1 M zun, fM in die nächsten 2 Lm, 1 M zun, 2 fM. [12]

5. Rd: 12 fM häkeln. [12]

6. Rd: * 1 M zun, 3 fM; ab * insg. 3 x wdh. [15]

7. Rd: 15 fM häkeln. [15]

8. Rd: * 1 M zun, 4 fM; ab * insg. 3 x wdh. [18]

9. Rd: 18 fM. [18] (Abb. 27)

Den Fuß nicht ausstopfen, aber flach drücken. Die letzte M befindet sich dabei an der Seite. Die nächste R durch beide Lagen häkeln und den Fuß schließen. (Abb. 28)

Abschluss-R: 9 fM, wenden. [9]

Krallen: 2 Lm (Abb. 29), 1 Stb in die 1. M, 2 Km (Abb. 30), 1 Km + 2 Lm + 1 Stb in die nächste M, 1 M überspringen, 2 Km, 1 Km + 2 Lm + 1 Stb in die nächste M, 1 Km. [3 Krallen]

Abketten und Garnende vernähen. (Abb. 31)

Die Anleitungen für die Beine unterscheiden sich voneinander, da der Flamingo ein gerades und ein angewinkeltes Bein hat.

GERADES BEIN *(in Hellgrau)*

Am Fuß mit hellgrauem Garn in der Eck-M der Lücke in der 3. Rd neu anschlingen.

1. Rd: 1 fM in die Eck-M, 3 fM, 1 fM in die Eck-M, 3 fM. [8] (Abb. 32)

2.–15. Rd: 8 fM häkeln. [8]

★ ***TIPP:*** *Die Km der 16. Rd eher locker häkeln. So lässt es sich in der 17. Rd leichter in die M einstechen.*

16. Rd: 8 Km häkeln. [8]

17. Rd: * 1 M zun, 1 fM; ab * insg. 4 x wdh. [12]

18.–19. Rd: 12 fM häkeln. [12]

20. Rd: * 1 M abn, 1 fM; ab * insg. 4 x wdh. [8]

★ ***TIPP:*** *Die Km der 21. Rd eher locker häkeln. So lässt es sich in der 22. Rd leichter in die M einstechen.*

21. Rd: 8 Km häkeln. [8]

22.–34. Rd: 8 fM häkeln. [8]

Abketten und einen langen Faden zum Nähen lassen. (Abb. 33)

Wenn du möchtest, kannst du das Bein leicht mit Füllwatte ausstopfen.

ANGEWINKELTES BEIN

Der Unterschenkel und der Oberschenkel werden separat gehäkelt und dann miteinander verbunden.

UNTERSCHENKEL *(in Hellgrau)*

Am Fuß mit hellgrauem Garn in der Eck-M der Lücke in der 3. Rd neu anschlingen.

1. Rd: 1 fM in die Eck-M, 3 fM, 1 fM in die Eck-M, 3 fM. [8]

29

30

31

32

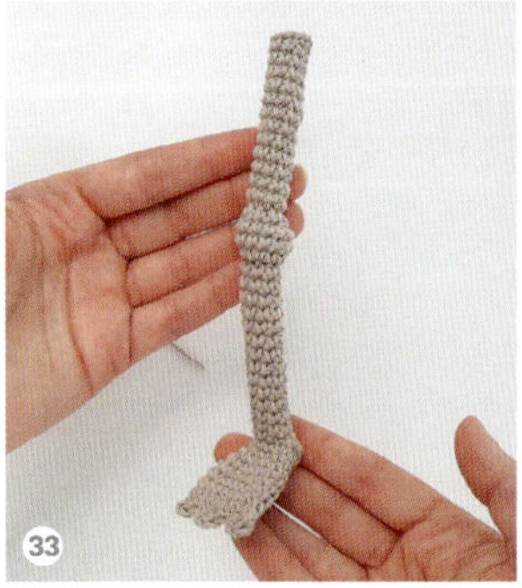
33

34

35

36

37

38

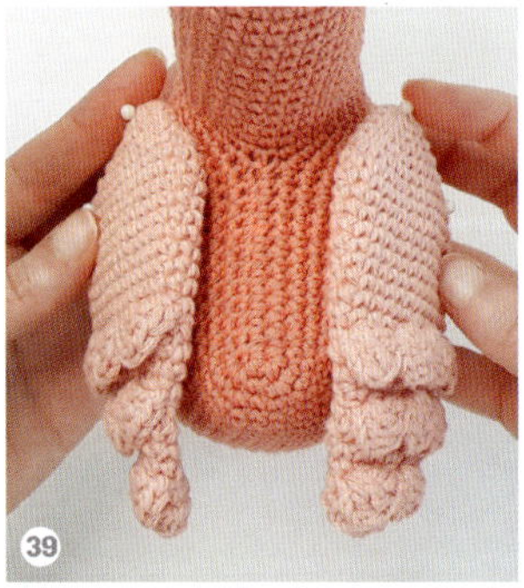
39

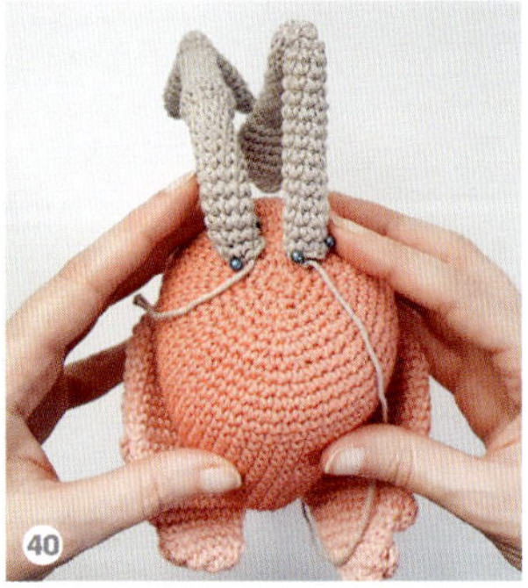
40

2.–15. Rd: 8 fM häkeln. [8]
Abketten und Garnende vernähen.

OBERSCHENKEL *(in Hellgrau)*

Einen langen Anfangsfaden lassen. Damit nähen wir später das Bein am Körper fest.
8 Lm anschlagen und den Ring mit einer Km in die 1. Lm schließen.
1.–13. Rd: 8 fM häkeln. [8]
14. Rd: Den Unterschenkel neben den Oberschenkel legen (Abb. 34), 2 fM durch beide Teile häkeln (Abb. 35) (diese M zählen nicht zur Gesamtmaschenzahl), 6 fM entlang des Oberschenkels, 6 fM entlang des Unterschenkels. [12]
15. Rd: * 1 fM, 1 M abn; ab * insg. 4 x wdh. [8] (Abb. 36)
Abketten und einen Faden zum Nähen lassen. Das Bein nicht ausstopfen. Mit der Wollnadel das Fadenende durch die vorderen M-Glieder der letzten 8 M führen. Fest an-

ziehen und das Bein schließen. Dann die Garnenden vernähen. (Abb. 37)

FERTIGSTELLUNG

- Mit schwarzem Garn am weißen Teil des Schnabels auf beiden Seiten eine vertikale Linie aufnähen.
- Die Flügel zwischen der 49. und 61. Rd am Körper feststecken. Die Federn zeigen dabei nach hinten. (Abb. 38–39)
- Dann die Flügel am Körper festnähen. Am Fadenring beginnen und bis zur oberen Flügelmitte nähen. Der untere Rand sowie der hintere Teil werden nicht befestigt.
- Den oberen Rand der Beine vorne von der 72. bis zur 74. Rd mit einem Abstand von etwa 3 M unten an den Körper nähen. (Abb. 40) Darauf achten, dass die Krallen nach oben zeigen.

★ ***TIPP:*** *Für die Beine vor dem Festnähen mit Stecknadeln verschiedene Positionen ausprobieren.*

Celeste,

DIE WELLENSITTICHDAME

Sole,

DER NYMPHENSITTICH

Celeste, die leuchtend blaue Wellensittichdame, und Sole, ein eleganter Nymphensittich, leben glücklich in einer Bäckerei in der belebten Innenstadt. Am liebsten verbringen sie ihre Tage damit, die Leute zu beobachten, die den Laden geistesabwesend betreten und wieder verlassen. **Sie vollführen Kunststücke und machen Geräusche, um sie auf sich aufmerksam zu machen und manchmal verschwinden auf unerklärliche Weise Körner oder Beeren, die einen Muffin zieren.** Die Bäckerei ist mehr als ein Zuhause für sie. Sie ist ihre Bühne, ihr Spielplatz und ihr eigenes kleines Stück vom süßen Stadtleben.

Amigurumi-Galerie: QR-Code scannen oder **www.amigurumi.com/4903** besuchen und Bilder teilen bzw. kreative Anregungen finden.

MATERIAL:

Nymphensittich:

Baumwollgarn (LL 57,5 m/25 g) in

- Hellgelb
- Hellgrau
- Dunkelgrau
- Terrakotta

Wellensittich:

Baumwollgarn (LL 57,5 m/25 g) in

- Hellgelb
- Weiß
- Türkis
- Dunkelgrau

Für beide Vögel:

Häkelnadel 2,5 mm
2 Paar Sicherheitsaugen (9 mm)
Wollnadel
Stecknadeln
Maschenmarkierer
Füllwatte

SCHWIERIGKEITSGRAD: ★★

GRÖSSE: ca. 13 cm hoch

KOPF UND KÖRPER *(für den Nymphensittich mit Hellgelb und für den Wellensittich mit Weiß beginnen)*

1. Rd: 6 fM in einen Fadenring arbeiten. [6]
2. Rd: 6 x 1 M zun. [12]
3. Rd: * 1 M zun, 1 fM; ab * insg. 6 x wdh. [18]
4. Rd: * 1 M zun, 2 fM; ab * insg. 6 x wdh. [24]
5. Rd: * 1 M zun, 3 fM; ab * insg. 6 x wdh. [30]
6. Rd: * 1 M zun, 4 fM; ab * insg. 6 x wdh. [36]
7. Rd: * 1 M zun, 5 fM; ab * insg. 6 x wdh. [42]
8.–12. Rd: 42 fM häkeln. [42]
13. Rd: 3 fM, * 1 M abn, 5 fM; ab * insg. 3 x wdh, 18 fM. [39]
14. Rd: 3 fM, * 1 M abn, 4 fM; ab * insg. 3 x wdh, 18 fM. [36]
15. Rd: 3 fM, * 1 M abn, 3 fM; ab * insg. 3 x wdh, 18 fM. [33]
16. Rd: 3 fM, * 1 M abn, 2 fM; ab * insg. 3 x wdh, 18 fM. [30]
17. Rd: 30 fM häkeln. [30]
Für den Nymphensittich mit Hellgrau und für den Wellensittich mit Türkis weiterarbeiten.
18. Rd: 3 fM, * 1 fM, 1 M zun, 1 fM; ab * insg. 3 x wdh, 18 fM. [33]
19. Rd: 3 fM, * 1 M zun, 3 fM; ab * insg. 3 x wdh, 18 fM. [36]
20. Rd: 3 fM, * 2 fM, 1 M zun, 2 fM; ab * insg. 3 x wdh, 18 fM. [39]
21. Rd: 3 fM, * 1 M zun, 5 fM; ab * insg. 3 x wdh, 18 fM. [42] (Abb. 1)
22.–31. Rd: 42 fM häkeln. [42]
Die Sicherheitsaugen vorne, zwischen der 12. und 13. Rd, mit einem Abstand von etwa 16 M befestigen. Kopf und Körper gut mit Füllwatte ausstopfen und beim Häkeln nach und nach weiter ausstopfen.
32. Rd: * 5 fM, 1 M abn; ab * insg. 6 x wdh. [36]
33. Rd: * 2 fM, 1 M abn, 2 fM; ab * insg. 6 x wdh. [30]
34. Rd: * 3 fM, 1 M abn; ab * insg. 6 x wdh. [24]
35. Rd: * 1 fM, 1 M abn, 1 fM; ab * insg. 6 x wdh. [18]
36. Rd: * 1 fM, 1 M abn; ab * insg. 6 x wdh. [12]
37. Rd: 6 x 1 M abn. [6] (Abb. 2)
Abketten und einen Faden zum Nähen lassen. Mit der Wollnadel das Fadenende durch die vorderen M-Glieder der letzten 6 M führen. Fest anziehen und den Körper schließen. Die Garnenden vernähen.

SCHNABEL *(für den Nymphensittich in Dunkelgrau und für den Wellensittich in Hellgelb)*

1. Rd: 6 fM in einen Fadenring arbeiten. [6]
2. Rd: * 1 M zun, 2 fM; ab * insg. 2 x wdh. [8]

3. Rd: * 1 M zun, 3 fM; ab * insg. 2 x wdh. [10] (Abb. 3)
Den Schnabel nicht ausstopfen, aber flach drücken. Die letzte M befindet sich dabei an der Seite. Die nächste R durch beide Lagen häkeln und so den Schnabel schließen. (Abb. 4)
Abschluss-R: 5 fM. [5] (Abb. 5)
Abketten und einen langen Faden zum Nähen lassen.

WANGE *(2 x, in Terrakotta für den Nymphensittich)*

1. Rd: 6 fM in einen Fadenring arbeiten. [6]
2. Rd: 6 x 1 M zun. [12]
Abketten und einen langen Faden zum Nähen lassen.

FLÜGEL *(2 x, für den Nymphensittich mit Hellgrau und für den Wellensittich mit Türkis beginnen)*

5 Lm anschlagen. Entlang beider Seiten der Lm-Kette in Rd häkeln.
1. Rd: In die 2. Lm ab der Nd einstechen, 3 fM, 3 fM in die letzte Lm häkeln, auf der Rückseite der Lm-Kette weiterarbeiten, 3 fM. [9] (Abb. 6)
2. Rd: 3 fM, 3 x 1 M zun, 3 fM. [12]
3. Rd: 3 fM, * 1 fM, 1 M zun; ab * insg. 3 x wdh, 3 fM. [15]
4. Rd: 3 fM, * 1 M zun, 2 fM; ab * insg. 3 x wdh, 3 fM. [18]
5. Rd: 3 fM, * 3 fM, 1 M zun; ab * insg. 3 x wdh, 3 fM. [21]
6. Rd: 3 fM, * 1 M zun, 4 fM; ab * insg. 3 x wdh, 3 fM. [24]
7. Rd: 3 fM, * 5 fM, 1 M zun; ab * insg. 3 x wdh, 3 fM. [27]
8. Rd: 3 fM, * 1 M zun, 6 fM; ab * insg. 3 x wdh, 3 fM. [30]
2 fM häkeln, um zur Seitenkante zu gelangen. (Abb. 7)
Abketten und Garnenden vernähen.
Den Flügel nicht ausstopfen, aber flach drücken. Die letzte M befindet sich dabei an der Seite. Auf einer Seite des Flügels mit Dunkelgrau für den Nymphensittich und mit Weiß für den Wellensittich neu anschlingen.
★ ANMERKUNG: *Achte darauf, dass du beim zweiten Flügel das Garn auf der gegenüberliegenden Seite neu anschlingst und die letzte Federreihe spiegelverkehrt häkelst.*
Die nächste R durch beide Lagen häkeln und den Flügel schließen.
Abschluss-R: 15 fM, wenden. [15] (Abb. 8–9)
Federreihe: * 4 Lm häkeln (Abb. 10), in die 3. Lm ab der Nd einstechen, hStb in die nächsten 2 Lm, 1 M der Abschluss-R überspringen, 1 Km in die nächste M am Flügel (Abb. 11); ab * insg. 7 x wdh. [7 Federn]
Abketten und Garnenden vernähen. (Abb. 12)

SCHWANZ *(für den Nymphensittich mit Hellgrau und für den Wellensittich mit Türkis beginnen)*

Einen langen Anfangsfaden zum Nähen lassen. 18 Lm anschlagen und den Ring mit einer Km in die 1. Lm schließen. (Abb. 13)
1.–2. Rd: 18 fM häkeln. [18] (Abb. 14)
3. Rd: * 1 M abn, 7 fM; ab * insg. 2 x wdh. [16]
Mit Dunkelgrau für den Nymphensittich (Abb. 15) und mit Weiß für den Wellensittich weiterarbeiten.
Den Schwanz leicht mit Füllwatte ausstopfen und flach drücken. Die letzte M befindet sich dabei an der Seite. Die nächste R durch beide Lagen häkeln und so den Schwanz schließen.
Abschluss-R: 8 fM (Abb. 16–17), wenden. [8]

1

2

3

4

5

6

7

8

9

10

11

12

13

14

15

16

Federreihe: * 6 Lm häkeln und in die 3. Lm ab der Nd einstechen, 3 hStb, 1 fM (Abb. 18), 1 Km in die nächste M der Abschluss-R; ab * insg. 5 x wdh, 6 Lm häkeln und in die 3. Lm ab der Nd einstechen, 3 hStb, 1 fM, 1 M überspringen, 1 Km in die nächste M der Abschluss-R. [6 Federn]
Abketten und Garnenden vernähen. (Abb. 19)

FUSS UND BEIN *(2 x, für den Nymphensittich mit Terrakotta und für den Wellensittich mit Hellgelb beginnen)*

1. Rd: Die folgenden M in einen Fadenring häkeln: * 1 fM in den Fadenring, 3 Lm, in die 2. Lm ab der Nd einstechen, Km in die nächsten 2 Lm (Abb. 20); ab * insg. 3 x wdh, 2 fM in den Fadenring, 2 Lm, in die 2. Lm ab der Nd einstechen, 1 Km in die nächste Lm, 1 fM in den Fadenring (Abb. 21). [6 + 4 Krallen]
Die Krallen nach vorne ausrichten und die nächste Rd nur in die fM der 1. Rd arbeiten. (Abb. 22)
2.–3. Rd: 6 fM häkeln. [6] (Abb. 23–24)
Für den Nymphensittich mit Hellgrau und für den Wellensittich mit Türkis weiterarbeiten.
4. Rd: * 1 M zun, 1 fM; ab * insg. 3 x wdh. [9]
5. Rd: * 1 M zun, 2 fM; ab * insg. 3 x wdh. [12]
6. Rd: 12 fM häkeln. [12]
Abketten und einen langen Faden zum Nähen lassen. (Abb. 25)
Fuß und Bein gut mit Füllwatte ausstopfen.

FEDERSCHOPF *(in Hellgelb, für den Nymphensittich)*

7 Lm anschlagen. In R arbeiten.
1. R: In die 2. Lm ab der Nd einstechen, 4 hStb, 1 fM, 1 Km, 6 Lm (Abb. 26), in die 2. Lm ab der Nd einstechen, 3 hStb, 1 fM, 1 Km (Abb. 27), 5 Lm, in die 2. Lm ab der Nd einstechen, 2 hStb, 1 fM, 1 Km. [3 Federn, die unten miteinander verbunden sind] (Abb. 28)
Abketten und einen langen Faden zum Nähen lassen.

FERTIGSTELLUNG

*★ **TIPP:** Positioniere alle Teile vor dem Festnähen mit Stecknadeln! (Abb. 29–31)*

- Den Schnabel mittig zwischen den Augen flach am Kopf annähen. Die letzte R liegt zwischen der 9. und 10. Rd und die Schnabelspitze zeigt nach unten.
- Den Schopf oben am Kopf des Nymphensittichs befestigen.
- Die Wangen unterhalb der Sicherheitsaugen des Nymphensittichs annähen.
- Mit dunkelgrauem Garn einige Steppstiche seitlich am Kopf des Wellensittichs anbringen.
- Die Flügel am Körper feststecken. In der 18. Rd beginnen.
- Nur die kurze, gerade Kante am Körper festnähen und den restlichen Flügel unbefestigt lassen. Die Federn zeigen Richtung Körpervorderseite.
- Den Schwanz zwischen der 28. und 31. Rd hinten am Körper festnähen.
- Den oberen Rand der Beine vorne zwischen der 26.–30. Rd mit einem Abstand von etwa 6 M am Körper festnähen.
- Die Füße und den Schwanz so positionieren, dass die Vögel gut sitzen können. Die kurze Kralle zeigt nach unten.

17

18

19

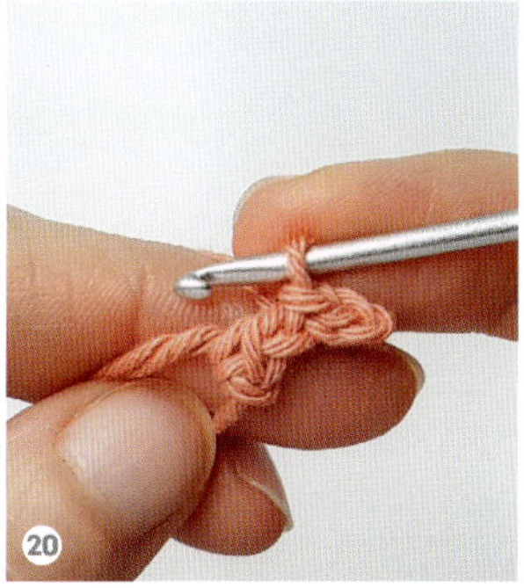
20

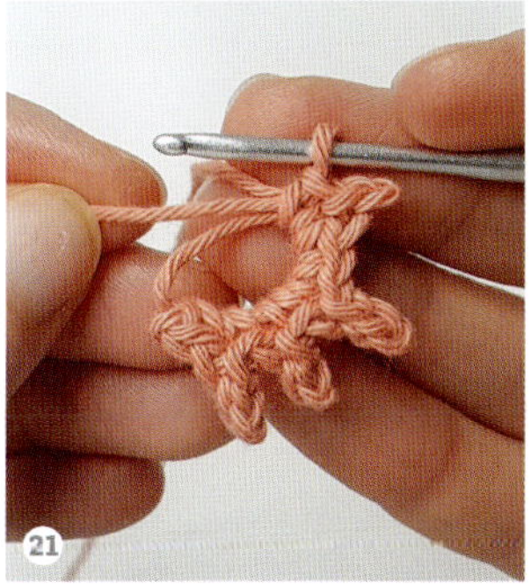
21

6
1
5
4
2
3
22

23

24

25

26

27

28

29

30

31

Magda, die Elster

Magda, die Elster, ist kein durchschnittlicher Vogel. Na ja, sie hat sich vielleicht schon mal hier und da ein paar Schmuckstücke „geliehen“, aber diese Elster ist klug! Sie erkennt ihr Spiegelbild in einem Löffel, versteckt Leckerbissen und erinnert sich noch Monate später daran, wo sie sind (im Gegensatz zu mir, ich vergesse selbst, wo ich meine Schlüssel hingelegt habe). Sie kann sogar Geräusche so gut nachahmen, dass jeder sich fragt, wo denn auf einmal dieses Hundegebell herkommt. Magda hat vielleicht eine Schwäche für glänzende Dinge, **aber es ist ihre Intelligenz, die sie wirklich auszeichnet.**

Amigurumi-Galerie: QR-Code scannen oder **www.amigurumi.com/4904** besuchen und Bilder teilen bzw. kreative Anregungen finden.

MATERIAL:
Baumwollgarn (LL 57,5 m/25 g) in
- Blau
- Dunkelblau
- Weiß
- Hellblau

Häkelnadel 2,5 mm
Sicherheitsaugen (12 mm)
Wollnadel
Stecknadeln
Maschenmarkierer
Füllwatte

SCHWIERIGKEITSGRAD: ★★
GRÖSSE: ca. 14 cm hoch

KOPF UND KÖRPER *(mit Blau beginnen)*

1. Rd: 6 fM in einen Fadenring arbeiten. [6]
2. Rd: 6 x 1 M zun. [12]
3. Rd: * 1 M zun, 1 fM; ab * insg. 6 x wdh. [18]
4. Rd: * 1 M zun, 2 fM; ab * insg. 6 x wdh. [24]
5. Rd: * 1 M zun, 3 fM; ab * insg. 6 x wdh. [30]
6. Rd: * 1 M zun, 4 fM; ab * insg. 6 x wdh. [36]
7. Rd: * 1 M zun, 5 fM; ab * insg. 6 x wdh. [42]
8.–15. Rd: 42 fM häkeln. [42]
In der nächsten R häkeln wir das „Rückgrat" der Elster.
16. Rd: 13 Lm häkeln (Abb. 1), in die 2. Lm ab der Nd einstechen, 12 fM, in den M der 15. Rd weiterhäkeln (Abb. 2) und 42 fM arbeiten, auf der anderen Seite der Lm-Kette weiterarbeiten (Abb. 3), 12 fM. [66] (Abb. 4)
Die letzte M mit einem MM markieren. Das ist der neue Rd-Anfang.
17. Rd: 3 fM in die nächste M, 64 fM, 3 fM in die nächste M. [70]
18. Rd: 1 fM, 1 M zun, 66 fM, 1 M zun, 1 fM. [72] (Abb. 5)
19.–22. Rd: 72 fM häkeln. [72]
Mit Weiß weiterarbeiten.
23.–33. Rd: 72 fM häkeln. [72]
Die Sicherheitsaugen zwischen der 13. und 14. Rd mit einem Abstand von 14 M einsetzen. (Abb. 6)
34. Rd: * 5 fM, 1 M abn, 5 fM; ab * insg. 6 x wdh. [66]
35. Rd: * 9 fM, 1 M abn; ab * insg. 6 x wdh. [60]
36. Rd: * 4 fM, 1 M abn, 4 fM; ab * insg. 6 x wdh. [54]
37. Rd: * 7 fM, 1 M abn; ab * insg. 6 x wdh. [48]
38. Rd: * 3 fM, 1 M abn, 3 fM; ab * insg. 6 x wdh. [42]
39. Rd: * 5 fM, 1 M abn; ab * insg. 6 x wdh. [36]
Kopf und Körper gut mit Füllwatte ausstopfen und beim Häkeln nach und nach weiter ausstopfen.
40. Rd: * 2 fM, 1 M abn, 2 fM; ab * insg. 6 x wdh. [30]
41. Rd: * 3 fM, 1 M abn; ab * insg. 6 x wdh. [24]
42. Rd: * 1 fM, 1 M abn, 1 fM; ab * insg. 6 x wdh. [18]
43. Rd: * 1 fM, 1 M abn; ab * insg. 6 x wdh. [12]
44. Rd: 6 x 1 M abn. [6]
Abketten und einen Faden zum Nähen lassen. Mit der Wollnadel das Fadenende durch die vorderen M-Glieder der letzten 6 M führen. Fest anziehen und den Körper schließen.
Das Garnende vernähen. (Abb. 7)

SCHNABEL *(in Dunkelblau)*

1. Rd: 6 fM in einen Fadenring arbeiten. [6]
2. Rd: 1 M zun, 5 fM. [7]
3. Rd: 7 fM häkeln. [7]
4. Rd: 1 M zun, 6 fM. [8]
5. Rd: 8 fM häkeln. [8]
6. Rd: * 1 M zun, 3 fM; ab * insg. 2 x wdh. [10]
7. Rd: 10 fM häkeln. [10]
Abketten und einen langen Faden zum Nähen lassen. Den Schnabel leicht mit Füllwatte ausstopfen.

FLÜGEL *(2 x, mit Blau beginnen)*

4 Lm anschlagen. Entlang beider Seiten der Lm-Kette in Rd häkeln.
1. Rd: In die 2. Lm ab der Nd einstechen, 2 fM, 5 fM in die

letzte Lm. Auf der Rückseite der Lm-Kette weiterarbeiten, 1 fM, 4 fM in die letzte M. [12]
2. Rd: * 3 fM, 3 x 1 M zun; ab * insg. 2 x wdh. [18]
3. Rd: 3 fM, * 1 M zun, 1 fM; ab * insg. 3 x wdh, 3 fM, * 1 M zun, 1 fM; ab * insg. 3 x wdh. [24]
4. Rd: 3 fM, * 2 fM, 1 M zun; ab * insg. 3 x wdh, 3 fM, * 2 fM, 1 M zun; ab * insg. 3 x wdh. [30]
5. Rd: 3 fM, * 1 M zun, 3 fM; ab * insg. 3 x wdh, 3 fM, * 1 M zun, 3 fM; ab * insg. 3 x wdh. [36]
Mit Hellblau weiterarbeiten,
6. Rd: 3 fM, * 4 fM, 1 M zun; ab * insg. 3 x wdh, 3 fM, * 4 fM, 1 M zun; ab * insg. 3 x wdh. [42]
7. Rd: 3 fM, * 1 M zun, 5 fM; ab * insg. 3 x wdh, 3 fM, * 1 M zun, 5 fM; ab * insg. 3 x wdh. [48]
Die Flügel nicht ausstopfen. Abketten und die Garnenden vernähen. (Abb. 8)
Die Abschluss-R und die Federn werden am linken und am rechten Flügel unterschiedlich gehäkelt. Den linken Flügel in der Mitte zusammenfalten und flachdrücken, dann an der Seitenkante mit Hellblau neu anschlingen. (Abb. 9) Die nächste R durch beide Lagen häkeln und so den Flügel schließen.
Abschluss-R und Federn linker Flügel: 15 fM durch beide Lagen häkeln (Abb. 10), für die Federn nur die Lage bearbeiten, die zu dir zeigt, * 4 Lm, in die 3. Lm ab der Nd einstechen, hStb in die nächsten 2 Lm, die nächste M am Flügel überspringen, 1 Km in die nächste M am Flügel; ab * insg. 3 x wdh, * 5 Lm, in die 3. Lm ab der Nd einstechen, hStb in die nächsten 3 Lm, die nächste M am Flügel überspringen, 1 Km in die nächste M am Flügel; ab * insg. 3 x wdh, * 4 Lm, in die 3. Lm ab der Nd einstechen, hStb in die nächsten 2 Lm, die nächste M am Flügel überspringen, 1 Km in die nächste M am Flügel; ab * insg. 3 x wdh. [15 + 9 Federn] (Abb. 11–12)
Abketten und Garnenden vernähen.

Am rechten Flügel häkeln wir die Federn, bevor wir den Flügel flach drücken und die Öffnung schließen. Der Farbwechsel befindet sich dann an der Flügelinnenseite.
Abschluss-R und Federn rechter Flügel: 5 M der 7. Rd überspringen, dann in der 6. M mit Hellblau neu anschlingen (Abb. 13), * 4 Lm, in die 3. Lm ab der Nd einstechen, hStb in die nächsten 2 Lm, die nächste M am Flügel überspringen, 1 Km in die nächste M am Flügel; ab * insg. 3 x wdh, * 5 Lm, in die 3. Lm ab der Nd einstechen, hStb in die nächsten 3 Lm, die nächste M am Flügel überspringen, 1 Km in die nächste M am Flügel; ab * insg. 3 x wdh, * 4 Lm, in die 3. Lm ab der Nd einstechen, hStb in die nächsten 2 Lm, die nächste M am Flügel überspringen, 1 Km in die nächste M am Flügel; ab * insg. 3 x wdh (Abb. 14). Den rechten Flügel in der Mitte zusammenfalten und flach drücken. Durch beide Lagen häkeln und so den Flügel schließen, 15 fM. [15 + 9 Federn] (Abb. 15–16)
Abketten und Garnenden vernähen.

ZUSÄTZLICHE FEDERN FÜR DEN LINKEN FLÜGEL *(in Weiß)*

In R arbeiten.
1. R: * 5 Lm, in die 3. Lm ab der Nd einstechen, hStb in die nächsten 3 Lm; ab * insg. 2 x wdh, 6 Lm, in die 3. Lm ab der Nd einstechen, hStb in die nächsten 4 Lm. [3 Federn, die unten miteinander verbunden sind]
Abketten und einen Faden zum Nähen lassen.

ZUSÄTZLICHE FEDERN FÜR DEN RECHTEN FLÜGEL *(in Weiß)*

In R arbeiten.
1. R: 6 Lm, in die 3. Lm ab der Nd einstechen, hStb in die

1

2

3

4

5

6

7

8

9

10

11

12

13
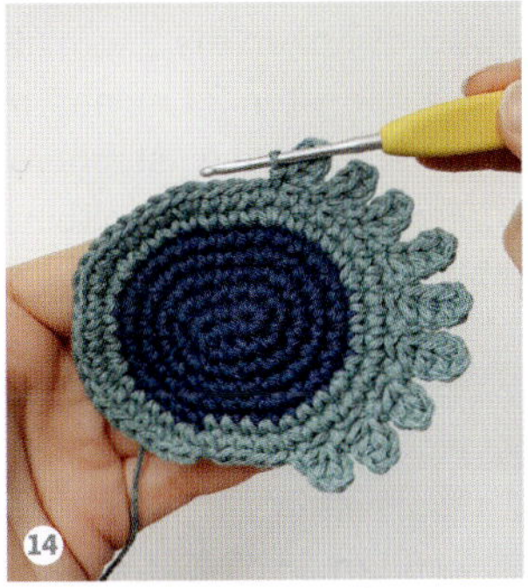
14

15

16

nächsten 4 Lm, * 5 Lm, in die 3. Lm ab der Nd einstechen, hStb in die nächsten 3 Lm; ab * insg. 2 x wdh. [3 Federn, die unten miteinander verbunden sind]
Abketten und einen Faden zum Nähen lassen. (Abb. 17)

SCHWANZ *(mit Hellblau beginnen)*

7 Lm anschlagen. Entlang beider Seiten der Lm-Kette in Rd häkeln.
1. Rd: In die 2. Lm ab der Nd einstechen, 5 fM, 3 fM in die letzte Lm häkeln. Auf der Rückseite der Lm-Kette weiterarbeiten. 4 fM, 2 fM in die letzte M. [14]
2. Rd: * 6 fM, 1 M zun; ab * insg. 2 x wdh. [16]
3.–8. Rd: 16 fM häkeln. [16]
Mit Blau weiterarbeiten.
9. Rd: * 6 fM, 1 M abn; ab * insg. 2 x wdh. [14]
10.–13. Rd: 14 fM häkeln. [14]
Abketten und einen langen Faden zum Nähen lassen. Den Schwanz nicht ausstopfen.

FUSS *(2 x)*

Wir beginnen mit 3 Krallen, die wir später miteinander verbinden.

MITTLERE KRALLE *(2 x, eine für jeden Fuß, in Dunkelblau)*

1. Rd: 6 fM in einen Fadenring arbeiten. [6]
2.–5. Rd: 6 fM häkeln. [6]
Abketten und Garnende vernähen. Die Krallen werden nicht ausgestopft.

SEITLICHE KRALLE *(4 x, zwei für jeden Fuß, in Dunkelblau)*

1. Rd: 6 fM in einen Fadenring arbeiten. [6]
2.–4. Rd: 6 fM häkeln. [6]
Die 1. seitliche Kralle abketten und das Garnende vernähen.
Die 2. seitliche Kralle nicht abketten. Die Krallen werden nicht ausgestopft.
In der nächsten Rd verbinden wir die Krallen miteinander.

DIE KRALLEN MITEINANDER VERBINDEN

(in Dunkelblau)
(Zusätzliche Schritt-für-Schritt-Abbildungen findest du auf Seite 71 – in der Anleitung für das Sägekauzmädchen)
1. Rd: 4 fM entlang der 2. seitlichen Kralle, 2 fM entlang der mittleren Kralle, 5 fM entlang der 1. seitlichen Kralle, die letzte M dieser Kralle überspringen, die nächste M der mittleren Kralle überspringen, 2 fM entlang der mittleren Kralle, die letzte M dieser Kralle überspringen, die nächste M der 2. seitlichen Kralle überspringen, 1 fM in die 2. seitliche Kralle. [14] (Abb. 18)
*** ANMERKUNG:** *Zwischen den Krallen entstehen kleine Lücken. Doch da die Krallen nicht ausgestopft werden, sind sie unsichtbar.*
2. Rd: * 1 M abn, 5 fM; ab * insg. 2 x wdh. [12]
In der nächsten Rd arbeiten wir Lücken für die Beine.
3. Rd: 2 fM, 3 Lm, 3 M überspringen, 7 fM. [9 + 3 Lm]
4. Rd: 1 M abn, fM in die nächsten 3 Lm, 1 fM, 1 M abn, 4 fM. [10]
5. Rd: 5 x 1 M abn. [5]
Abketten und einen Faden zum Nähen lassen. Den Fuß

17

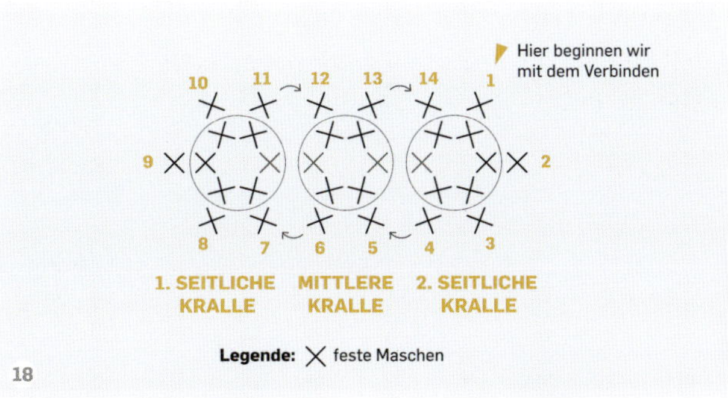

18

19

20

21

22

23

nicht ausstopfen. Mit der Wollnadel das Fadenende durch die vorderen M-Glieder der letzten 5 M führen. Fest anziehen und den Fuß schließen. Die Garnenden vernähen.

BEIN *(2 x, in Dunkelblau)*

Mit dunkelblauem Garn in der Eck-M der Lücke in der 3. Rd des Fußes neu anschlingen.
1. Rd: 1 fM in die Eck-M, 3 fM, 1 fM in die Eck-M, 3 fM. [8]
2.–7. Rd: 8 fM häkeln. [8]
Abketten und einen langen Faden zum Nähen lassen. Wenn du möchtest, kannst du das Bein leicht mit Füllwatte ausstopfen. (Abb. 19)

FERTIGSTELLUNG

**** TIPP:** Positioniere alle Teile vor dem Festnähen mit Stecknadeln!*

- Den Schnabel zwischen der 12. und 15. Rd mittig zwischen den Augen festnähen.
- Die zusätzlichen Federn zwischen den Flügelfedern befestigen. Dann die drei Federlagen an der Basis mit ein paar Stichen zusammennähen. (Abb. 20)
- Beginnend bei der 22. Rd die Flügel am Körper feststecken.
- Nur die lange, gerade Flügelkante an der 22. Rd festnähen. Der restliche Flügel bleibt unbefestigt. Die Federn befinden sich hinten am Körper. (Abb. 21–22)
- Den Schwanz zwischen der 17. und 19. Rd am hinteren Körperende festnähen. (Abb. 22)
- Den oberen Rand der Beine vorne zwischen der 39. und 40. Rd mit einem Abstand von 5 M unten am Körper festnähen. (Abb. 23) Die Füße so positionieren, dass die Elster gut sitzen kann. Die Krallen zeigen nach oben.

Pip,
der Kiwi

Berry,
das Rosenbrust-Schnäpper-Mädchen

Die Freunde Berry, Pip und Neve lernten sich beim Schaukeln auf einem Spielplatz kennen. Berry, das Rosenbrust-Schnäpper-Mädchen, zeigte sich selbstbewusst mit seinen fuchsiafarbenen Brustfedern und strahlenden Augen. Pip, der Kiwi, konnte mit seinen kleinen Flügeln nicht fliegen, doch das hielt ihn nicht davon ab, die anderen zu Wettrennen aufzufordern. Und Neve, das Schneevogelmädchen, stahl allen mit seinem Gesang die Show. Sie mögen aus verschiedenen Ecken der Erde kommen (Australien, Neuseeland und Japan) und unterschiedliche Persönlichkeiten haben, aber das macht ihre Freundschaft so besonders.

Neve,
das Schneevogelmädchen

Amigurumi-Galerie: QR-Code scannen oder **www.amigurumi.com/4905** besuchen und Bilder teilen bzw. kreative Anregungen finden.

MATERIAL:

Rosenbrust-Schnäpper:

Baumwollgarn (LL 57,5 m/25 g) in

- Grau
- Pink
- Dunkelblau

Dünnes Mohairgarn (LL 200 m/25 g) in

- Hellgrau
- Fuchsia

Kiwi:

Baumwollgarn (LL 57,5 m/25 g) in

- Braun
- Beige

Dünnes Mohairgarn (LL 200 m/25 g) in

- Hellbraun

Schneevogel:

Baumwollgarn (LL 57,5 m/25 g) in

- Weiß
- Grau
- Hellbraun *(Rest)*

Dünnes Mohairgarn (LL 200 m/25 g) in

- Weiß
- Hellgrau
- Beige *(Rest)*

Für alle drei Vögel:

Häkelnadel 2,5 mm (wenn nur Baumwollgarn verwendet wird) oder Häkelnadel 3,0 mm (wenn Baumwollgarn mit Mohairgarn verwendet wird)

3 Paare Sicherheitsaugen (12 mm)

Wollnadel

Stecknadeln

Maschenmarkierer

Füllwatte

Drahtbürste (optional)

SCHWIERIGKEITSGRAD: *

GRÖSSE: ca. 12 cm hoch

*** ANMERKUNG:** *Für die Vögel habe ich gleichzeitig mit einem Baumwollgarn und einem dünnen Mohairgarn gehäkelt, um einen schön flauschigen Look zu erzielen. Wenn du die Anleitung lieber nur mit Baumwollgarn häkeln möchtest, kannst du die Angaben für das Mohairgarn einfach ignorieren.*

KOPF UND KÖRPER

(Rosenbrust-Schnäpper: mit grauem Baumwoll- und hellgrauem Mohairgarn beginnen,
Kiwi: mit braunem Baumwoll- und hellbraunem Mohairgarn beginnen,
Schneevogel: mit weißem Baumwoll- und weißem Mohairgarn beginnen)

1. Rd: 6 fM in einen Fadenring arbeiten. [6]
2. Rd: 6 x 1 M zun. [12]
3. Rd: * 1 M zun, 1 fM; ab * insg. 6 x wdh. [18]
4. Rd: * 1 M zun, 2 fM; ab * insg. 6 x wdh. [24]
5. Rd: * 1 M zun, 3 fM; ab * insg. 6 x wdh. [30]
6. Rd: * 1 M zun, 4 fM; ab * insg. 6 x wdh. [36]
7.–10. Rd: 36 fM häkeln. [36]

In der nächsten Rd häkeln wir das „Rückgrat" des Vogels.

11. Rd: 7 Lm (Abb. 1), in die 2. Lm ab der Nd einstechen, 6 fM, in den M der 10. Rd weiterhäkeln (Abb. 2) und 36 fM arbeiten, auf der anderen Seite der Lm-Kette weiterarbeiten (Abb. 3), 6 fM. [48] (Abb. 4)

Die letzte M mit einem MM markieren. Das ist der neue Rd-Anfang.

12. Rd: 3 fM in die nächste M, 46 fM, 3 fM in die nächste M. [52]
13. Rd: 1 fM, 1 M zun, 48 fM, 1 M zun, 1 fM. [54] (Abb. 5)
14.–16. Rd: 54 fM häkeln. [54] (Abb. 6)
Rosenbrust-Schnäpper: mit pinkfarbenem Baumwoll- und fuchsiafarbenem Mohairgarn weiterarbeiten.
17.–22. Rd: 54 fM häkeln. [54] (Abb. 7)

*** OPTIONAL:** *Für einen flauschigeren Look den Körper behutsam mit einer Drahtbürste bearbeiten. (Abb. 8)*

*** TIPP:** *Wenn du den Körper nach dem Einsetzen der Sicherheitsaugen bürstest, klebe diese mit einem Stück Washi Tape ab, damit sie nicht zerkratzt werden.*

Die Sicherheitsaugen zwischen der 10. und 11. Rd mit einem Abstand von 12 M einsetzen. (Abb. 9)

23. Rd: * 7 fM, 1 M abn; ab * insg. 6 x wdh. [48]

24. Rd: * 3 fM, 1 M abn, 3 fM; ab * insg. 6 x wdh. [42]
25. Rd: * 5 fM, 1 M abn; ab * insg. 6 x wdh. [36]
26. Rd: * 2 fM, 1 M abn, 2 fM; ab * insg. 6 x wdh. [30]
27. Rd: * 3 fM, 1 M abn; ab * insg. 6 x wdh. [24]
Kopf und Körper gut mit Füllwatte ausstopfen und beim Häkeln nach und nach weiter ausstopfen.
28. Rd: * 1 fM, 1 M abn, 1 fM; ab * insg. 6 x wdh. [18]
29. Rd: * 1 fM, 1 M abn; ab * insg. 6 x wdh. [12]
30. Rd: 6 x 1 M abn. [6]
Abketten und einen Faden zum Nähen lassen. Mit der Wollnadel das Fadenende durch die vorderen M-Glieder der letzten 6 M führen. Fest anziehen und den Körper schließen.
Dann die Garnenden vernähen. (Abb. 10)

SCHNABEL

Die Schnäbel der Vögel werden unterschiedlich gehäkelt.

ROSENBRUST-SCHNÄPPER *(in Dunkelblau)*

2 Lm anschlagen. In R arbeiten.
1. R: In die 2. Lm ab der Nd einstechen, 1 fM, wenden. [16]
2. R: 1 Lm, 3 fM in die nächste M, wenden. [3]
3. R: 1 Lm, 3 fM, wenden. [3]
4. R: 1 Lm, 3 fM ihM, wenden. [3]
5. R: 1 Lm, die nächste M überspringen, 2 fM, wenden. [2]
6. R: 1 Lm, die nächste M überspringen, 1 fM. [1]
Abketten und einen langen Faden zum Nähen lassen. (Abb. 11)
Den Anfangsfaden vernähen. Mit einer Wollnadel das Garnende durch die seitlichen M bis zur 4. R führen, wo der Schnabel sich von selbst nach außen biegt. (Abb. 12)
Wir verwenden dieses Garnende später zum Festnähen.

KIWI *(in Beige)*

1. Rd: 5 fM in einen Fadenring arbeiten. [5]
2. Rd: 1 M zun, 4 fM. [6]
3.–6. Rd: 6 fM häkeln. [6]
7. Rd: 1 M zun, 5 fM. [7]
8.–10. Rd: 7 fM häkeln. [7]
11. Rd: 1 M zun, 6 fM. [8]
12.–13. Rd: 8 fM häkeln. [8]
14. Rd: 1 M zun, 7 fM. [9]
15. Rd: 9 fM häkeln. [9]
Abketten und einen langen Faden zum Nähen lassen.
Den Schnabel nicht ausstopfen.

SCHNEEVOGEL *(in Grau)*

1. Rd: 6 fM in einen Fadenring arbeiten. [6]
2. Rd: * 1 M zun, 2 fM; ab * insg. 2 x wdh. [8]
3. Rd: 8 fM häkeln. [8]
Abketten und einen langen Faden zum Nähen lassen.
Den Schnabel leicht mit Füllwatte ausstopfen.

1
2
3
4
5
6
7
8
9
10
11
12
13
14
15

FLÜGEL

(Rosenbrust-Schnäpper: 2 x, mit grauem Baumwoll- und hellgrauem Mohairgarn beginnen,
Schneevogel: 2 x, mit hellbraunem Baumwoll- und beigem Mohairgarn beginnen)

> **Kiwi-Wissen:** *Kiwis haben zwar winzige Flügel, doch da sie nicht fliegen können, habe ich beschlossen, bei diesem Vogel die Flügel wegzulassen.*

1. Rd: 6 fM in einen Fadenring arbeiten. [6]
2. Rd: 6 x 1 M zun. [12]
3. Rd: * 1 M zun, 1 fM; ab * insg. 6 x wdh. [18]
Schneevogel: mit grauem Baumwoll- und hellgrauem Mohairgarn weiterarbeiten.
4. Rd: * 1 M zun, 2 fM; ab * insg. 6 x wdh. [24] (Abb. 13)
Den Flügel nicht ausstopfen, sondern in der Mitte zusammenfalten. Die letzte M befindet sich dabei an der Seite. Die nächste R durch beide Lagen häkeln und so den Flügel schließen. (Abb. 14)
Abschluss-R: 12 fM häkeln. [12]
Abketten und einen langen Faden zum Nähen lassen. (Abb. 15)

SCHWANZ

(Rosenbrust-Schnäpper: mit grauem Baumwoll- und hellgrauem Mohairgarn beginnen,
Schneevogel: mit grauem Baumwoll- und hellgrauem Mohairgarn beginnen)

> **Kiwi-Wissen:** *Kiwis haben keinen Schwanz.*

5 Lm anschlagen. Entlang beider Seiten der Lm-Kette häkeln.
1. Rd: In die 2. Lm ab der Nd einstechen, 3 fM, 3 fM in die letzte Lm. Auf der Rückseite der Lm-Kette weiterarbeiten. 2 fM, 2 fM in die letzte M. [10]
2.–6. Rd: 10 fM häkeln. [10]
Schneevogel: Mit weißem Baumwoll- und weißem Mohairgarn weiterarbeiten.
7. Rd: 10 fM häkeln. [10]
Abketten und einen langen Faden zum Nähen lassen. Den Schwanz nicht ausstopfen.

BEIN

(Rosenbrust-Schnäpper: 2 x, in Dunkelblau;
Kiwi: 2 x, in Beige;
Schneevogel: 2 x, in Grau)
Einen langen Anfangsfaden lassen.

1. Rd: 6 fM in einen Fadenring arbeiten. [6]
Das Garnende an die Außenseite der Arbeit führen. Wir brauchen es später, um das Bein am Körper festzunähen. (Abb. 16)
2.–9. Rd: 6 fM häkeln. [6]
10. Rd: 1 Km, * 4 Lm, in die 2. Lm ab der Nd einstechen, 3 Km, 1 Km in die nächste M der 9. Rd; ab * insg. 3 x wdh, 1 Km, 3 Lm, in die 2. Lm ab der Nd einstechen, 2 Km, 1 Km in die nächste M am Fuß. [4 Krallen] (Abb. 17)
Abketten und einen Faden zum Nähen lassen. Das Bein nicht ausstopfen.
Die Lücke zwischen den Krallen mit einer Wollnadel zunähen (Abb. 18–19) und die Garnenden vernähen.

FERTIGSTELLUNG

*★ **TIPP:** Positioniere alle Teile vor dem Festnähen mit Stecknadeln! (Abb. 20–22)*

*★ **TIPP:** Du kannst die Garnenden des Baumwoll- und Mohairgarns gemeinsam vernähen oder nur eines der beiden Garnenden verwenden.*

- Den Schnabel mittig zwischen den Augen über die 8. und 9. Rd festnähen. Beim Rosenbrust-Schnäpper die unbearbeiteten vorderen M-Glieder in der 4. R des Schnabels am Kopf festnähen, damit der Schnabel offenbleibt.
- Die Flügel zwischen der 15. und 16. Rd seitlich am Körper festnähen.
- Den Schwanz zwischen der 12. und 14. Rd hinten am Körper befestigen.
- Den oberen Rand der Beine vorne von der 28. bis 29. Rd mit einem Abstand von 3 M unten an den Körper nähen. (Abb. 22) Die Füße so positionieren, dass die Vögel gut sitzen können. Die kleine Kralle zeigt nach unten.

Duca, der Erpel, zieht mit seinem leuchtend grünen Kopf und dem eleganten weißen Kragen einige Blicke auf sich. Doch er ist auch sehr geschickt. Er düst blitzschnell durchs Wasser, um sich sein Mittagessen zu fangen, und hebt rascher ab als du „Quack!“ sagen kannst. Wenn es um seinen Wohnort geht, ist er nicht wählerisch. Egal, ob ein See in angemessener Größe, ein Fluss oder ein gemütlicher Gartenteich – solange es leckere Wasserpflanzen zum Naschen gibt, ist Duca glücklich!

Duca, DER ERPEL

Amigurumi-Galerie: QR-Code scannen oder **www.amigurumi.com/4906** besuchen und Bilder teilen bzw. kreative Anregungen finden.

MATERIAL:
Baumwollgarn (LL 57,5 m/25 g) in
- Grün
- Weiß
- Braun *(50 g)*
- Beige
- Gelb
- Orange

Häkelnadel 2,5 mm
Sicherheitsaugen (12 mm)
Wollnadel
Stecknadeln
Maschenmarkierer
Füllwatte

SCHWIERIGKEITSGRAD: ⋆
GRÖSSE: ca. 15 cm hoch und 16 cm lang

KOPF UND KÖRPER *(mit Grün beginnen)*

1. Rd: 6 fM in einen Fadenring arbeiten. [6]
2. Rd: 6 x 1 M zun. [12]
3. Rd: * 1 M zun, 1 fM; ab * insg. 6 x wdh. [18]
4. Rd: * 1 M zun, 2 fM; ab * insg. 6 x wdh. [24]
5. Rd: * 1 M zun, 3 fM; ab * insg. 6 x wdh. [30]
6. Rd: * 1 M zun, 4 fM; ab * insg. 6 x wdh. [36]
7. Rd: * 1 M zun, 5 fM; ab * insg. 6 x wdh. [42]
8.–16. Rd: 42 fM häkeln. [42]
Mit Weiß weiterarbeiten.
17.–18. Rd: 42 fM häkeln. [42] (Abb. 1)
Mit Braun weiterarbeiten.
In der nächsten Rd häkeln wir das „Rückgrat" des Erpels.
19. Rd: 13 Lm (Abb. 2), in die 2. Lm ab der Nd einstechen, 12 fM, in den M der 18. Rd weiterhäkeln (Abb. 3) und 42 fM arbeiten, auf der anderen Seite der Lm-Kette weiterarbeiten (Abb. 4), 12 fM. [66] (Abb. 5)
Die letzte M mit einem MM markieren. Das ist der neue Rd-Anfang.
20. Rd: 3 fM in die nächste M, 64 fM, 3 fM in die nächste M. [70]
21. Rd: 1 fM, 1 M zun, 66 fM, 1 M zun, 1 fM. [72]
22.–36. Rd: 72 fM häkeln. [72]
Die Sicherheitsaugen zwischen der 13. und 14. Rd mit einem Abstand von 14 M einsetzen. (Abb. 6)
37. Rd: * 5 fM, 1 M abn, 5 fM; ab * insg. 6 x wdh. [66]
38. Rd: * 9 fM, 1 M abn; ab * insg. 6 x wdh. [60]
39. Rd: * 4 fM, 1 M abn, 4 fM; ab * insg. 6 x wdh. [54]
40. Rd: * 7 fM, 1 M abn; ab * insg. 6 x wdh. [48]
41. Rd: * 3 fM, 1 M abn, 3 fM; ab * insg. 6 x wdh. [42]
42. Rd: * 5 fM, 1 M abn; ab * insg. 6 x wdh. [36]
Kopf und Körper gut mit Füllwatte ausstopfen und beim Häkeln nach und nach weiter ausstopfen.
43. Rd: * 2 fM, 1 M abn, 2 fM; ab * insg. 6 x wdh. [30]
44. Rd: * 3 fM, 1 M abn; ab * insg. 6 x wdh. [24]
45. Rd: * 1 fM, 1 M abn, 1 fM; ab * insg. 6 x wdh. [18]
46. Rd: * 1 fM, 1 M abn; ab * insg. 6 x wdh. [12]
47. Rd: 6 x 1 M abn. [6]
Abketten und einen Faden zum Nähen lassen. Mit der Wollnadel das Fadenende durch die vorderen M-Glieder der letzten 6 M führen. Fest anziehen und den Körper schließen.
Die Garnenden vernähen.

SCHNABEL *(in Gelb)*

7 Lm anschlagen. Entlang beider Seiten der Lm-Kette in Rd häkeln.
1. Rd: In die 2. Lm ab der Nd einstechen, 5 fM, 3 fM in die letzte Lm häkeln. Auf der Rückseite der Lm-Kette weiterarbeiten. 4 fM, 2 fM in die letzte M. [14]
2. Rd: * 6 fM, 1 M zun; ab * insg. 2 x wdh. [16]
3.–4. Rd: 16 fM häkeln. [16]
5. Rd: * 7 fM, 1 M zun; ab * insg. 2 x wdh. [18]
6.–7. Rd: 18 fM häkeln. [18]
8. Rd: * 8 fM, 1 M zun; ab * insg. 2 x wdh. [20]
9. Rd: 20 fM häkeln. [20]

Den Flügel nicht ausstopfen. Abketten und Garnenden vernähen.
Den Flügel in der Mitte zusammenfalten (Abb. 8) und an der Seite mit Beige neu anschlingen.
Die nächste R durch beide Lagen häkeln und so den Flügel schließen.
Die Abschluss-R und die Federn werden am linken und am rechten Flügel unterschiedlich gehäkelt.
Abschluss-R und Federn linker Flügel: 14 fM (Abb. 9–10), * 1 Km + 2 Lm + 2 Stb in die nächste M (Abb. 11), nächste M überspringen; ab * insg. 3 x wdh, 1 Km in die nächste M. [24] (Abb. 12)
Abschluss-R und Federn rechter Flügel: Mit den Federn beginnen, 2 Lm (Abb. 13) + 2 Stb in die 1. M (Abb. 14), nächste M überspringen, * 1 Km + 2 Lm + 2 Stb in die nächste M, nächste M überspringen; ab * insg. 2 x wdh (Abb. 15), 1 Km in die nächste M, 14 fM. [23] (Abb. 16)
Abketten und einen Faden zum Nähen lassen. (Abb. 17)

10. Rd: * 9 fM, 1 M zun; ab * insg. 2 x wdh. [22]
11. Rd: 22 fM häkeln. [22]
12. Rd: * 10 fM, 1 M zun; ab * insg. 2 x wdh. [24]
13. Rd: 24 fM häkeln. [24]
Abketten und einen langen Faden zum Nähen lassen.
Den Schnabel mit Füllwatte ausstopfen.

FLÜGEL *(2 x, in Beige)*
4 Lm anschlagen. Entlang beider Seiten der Lm-Kette in Rd häkeln.
1. Rd: In die 2. Lm ab der Nd einstechen, 2 fM, 5 fM in die letzte Lm häkeln. Auf der Rückseite der Lm-Kette weiterarbeiten. 1 fM, 4 fM in die letzte M. [12]
2. Rd: * 3 fM, 3 x 1 M zun; ab * insg. 2 x wdh. [18]
3. Rd: 3 fM, * 1 M zun, 1 fM; ab * insg. 3 x wdh, 3 fM, * 1 M zun, 1 fM; ab * insg. 3 x wdh. [24]
4. Rd: 3 fM, * 2 fM, 1 M zun; ab * insg. 3 x wdh, 3 fM, * 2 fM, 1 M zun; ab * insg. 3 x wdh. [30]
5. Rd: 3 fM, * 1 M zun, 3 fM; ab * insg. 3 x wdh, 3 fM, * 1 M zun, 3 fM; ab * insg. 3 x wdh. [36]
6. Rd: 3 fM, * 4 fM, 1 M zun; ab * insg. 3 x wdh, 3 fM, * 4 fM, 1 M zun; ab * insg. 3 x wdh. [42] (Abb. 7)

1

2

3

4

5

6

7

8

9

10

11

12

13

14

15

16

SCHWANZ *(in Braun)*

1. Rd: 8 fM in einen Fadenring arbeiten. [8]
2. Rd: 8 x 1 M zun. [16]
3.–6. Rd: 16 fM häkeln. [16]
7. Rd: * 2 x 1 M abn, 4 fM; ab * insg. 2 x wdh. [12]
Abketten und einen langen Faden zum Nähen lassen. Den Schwanz nicht ausstopfen.

BEIN *(2 x, in Orange)*

Einen langen Anfangsfaden lassen.
1. Rd: 8 fM in einen Fadenring arbeiten. [8]
Den Anfangsfaden zur Außenseite der Arbeit führen. Wir brauchen ihn später, um das Bein am Körper festzunähen.
2.–8. Rd: 8 fM häkeln. [8]
Abketten und einen langen Faden zum Nähen lassen. (Abb. 18)
Das Bein leicht mit Füllwatte ausstopfen.

FUSS *(2 x, in Orange)*

1. Rd: 6 fM in einen Fadenring arbeiten. [6]
2. Rd: * 1 M zun, 1 fM; ab * insg. 3 x wdh. [9]
3. Rd: 9 fM häkeln. [9]
4. Rd: * 1 M zun, 2 fM; ab * insg. 3 x wdh. [12]
5. Rd: 12 fM häkeln. [12]
6. Rd: * 1 M zun, 3 fM; ab * insg. 3 x wdh. [15]
7. Rd: 15 fM häkeln. [15]
8. Rd: * 1 M zun, 4 fM; ab * insg. 3 x wdh. [18]
9. Rd: 18 fM. [18] (Abb. 19)
Den Fuß nicht ausstopfen, sondern in der Mitte zusammenfalten und flach drücken. Die letzte M befindet sich dabei an der Seite. Die nächste R durch beide Lagen häkeln und so den Fuß schließen.
Abschluss-Rd und Krallen: 2 Lm + 1 Stb in die 1. M, 2 Km (Abb. 20), 1 Km + 2 Lm + 1 Stb in die nächste M, 1 M überspringen, 2 Km, 1 Km + 2 Lm + 1 Stb in die nächste M, 1 Km in die nächste M. [3 Krallen]
Abketten und Garnenden vernähen. (Abb. 21)

FERTIGSTELLUNG

- Den Schnabel zwischen der 11. und 15. Rd mittig zwischen den Augen festnähen.
- Beginnend bei der 26. Rd, die Flügel am Körper feststecken. Nur die gerade Oberkante am Körper befes-

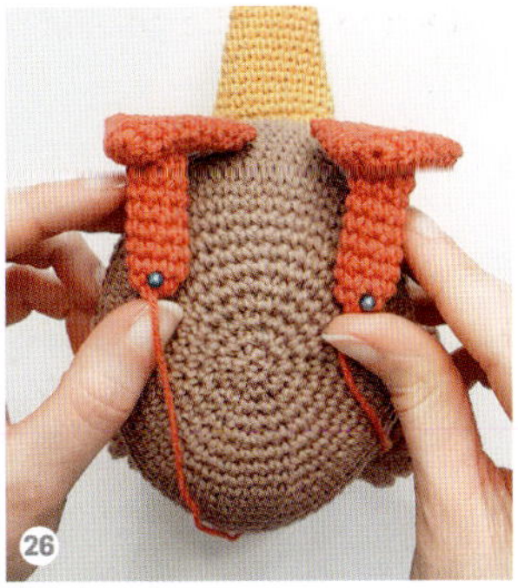

tigen. Die letzten paar Zentimeter des Flügels unbefestigt lassen. (Abb. 22–23)

- Den Schwanz zwischen der 20. und 21. Rd am hinteren Körperende festnähen. (Abb. 24)
- Die letzte Rd des Beins am Fuß festnähen. (Abb. 25)
- Dann den oberen Rand der Beine vorne von der 40. bis zur 41. Rd mit einem Abstand von 8 M unten an den Körper nähen. (Abb. 26) Die Füße so positionieren, dass der Erpel gut sitzen kann. Die Krallen zeigen nach oben. (Abb. 27)

Viola,

DIE TAUBE

Viola, die Taube, hat eine Leidenschaft für die Vergangenheit, vor allem für die Geschichte ihrer Spezies. Im Gegensatz zu ihren gefiederten Freunden, die sich damit zufriedengeben, nach Brotkrümeln zu jagen und Leute zu beobachten, sehnt sich Viola nach Wissen. **Egal, ob auf belebten Plätzen, in ruhigen Parks oder auf entlegenen Meeresklippen – Tauben gibt es überall.** Früher wurden sie sogar zum Überbringen wichtiger Nachrichten eingesetzt! Sie träumt davon, die Geschichte der Tauben mit all ihren Geheimnissen aufzudecken und sie mit der Taubenschar auf der Fensterbank zu teilen.

Amigurumi-Galerie: QR-Code scannen oder **www.amigurumi.com/4907** besuchen und Bilder teilen bzw. kreative Anregungen finden.

MATERIAL:

Baumwollgarn (LL 57,5 m/25 g) in

- Dunkelgrau
- Grau *(50 g)*
- Gelb *(Rest)*
- Rosa
- Petrol *(Rest)*
- Violett *(Rest)*

Tipp: Du kannst auch violettes und petrolfarbenes Stickgarn verwenden.

Häkelnadel 2,5 mm
Sicherheitsaugen (12 mm)
Wollnadel
Stecknadeln
Maschenmarkierer
Füllwatte

SCHWIERIGKEITSGRAD: ★
GRÖSSE: ca. 16 cm hoch

KOPF UND KÖRPER *(mit Dunkelgrau beginnen)*

1. Rd: 6 fM in einen Fadenring arbeiten. [6]
2. Rd: 6 x 1 M zun. [12]
3. Rd: * 1 M zun, 1 fM; ab * insg. 6 x wdh. [18]
4. Rd: * 1 M zun, 2 fM; ab * insg. 6 x wdh. [24]
5. Rd: * 1 M zun, 3 fM; ab * insg. 6 x wdh. [30]
6. Rd: * 1 M zun, 4 fM; ab * insg. 6 x wdh. [36]
7. Rd: 36 fM häkeln. [36]
8. Rd: * 1 M zun, 11 fM; ab * insg. 3 x wdh. [39]
9.–10. Rd: 39 fM häkeln. [39]
11. Rd: * 6 fM, 1 M zun, 6 fM; ab * insg. 3 x wdh. [42]
12.–13. Rd: 42 fM häkeln. [42]
14. Rd: * 1 M zun, 13 fM; ab * insg. 3 x wdh. [45]
15.–16. Rd: 45 fM häkeln. [45]
17. Rd: * 7 fM, 1 M zun, 7 fM; ab * insg. 3 x wdh. [48]
18.–19. Rd: 48 fM häkeln. [48]
Mit Grau weiterarbeiten.
In der nächsten Rd häkeln wir das „Rückgrat" der Taube.
20. Rd: 10 Lm (Abb. 1), in die 2. Lm ab der Nd einstechen, 9 fM, in den M der 19. Rd weiterhäkeln (Abb. 2) und 48 fM arbeiten, auf der anderen Seite der Lm-Kette weiterarbeiten (Abb. 3), 9 fM. [66] (Abb. 4)
Die letzte M mit einem MM markieren. Das ist der neue Rd-Anfang.
21. Rd: 3 fM in die nächste M, 64 fM, 3 fM in die nächste M. [70]
22. Rd: 1 fM, 1 M zun, 66 fM, 1 M zun, 1 fM. [72] (Abb. 5)
23.–37. Rd: 72 fM häkeln. [72]
Die Sicherheitsaugen zwischen der 14. und 15. Rd mit einem Abstand von 14 M einsetzen. (Abb. 6)
38. Rd: * 5 fM, 1 M abn, 5 fM; ab * insg. 6 x wdh. [66]
39. Rd: * 9 fM, 1 M abn; ab * insg. 6 x wdh. [60]
40. Rd: * 4 fM, 1 M abn, 4 fM; ab * insg. 6 x wdh. [54]
41. Rd: * 7 fM, 1 M abn; ab * insg. 6 x wdh. [48]
42. Rd: * 3 fM, 1 M abn, 3 fM; ab * insg. 6 x wdh. [42]
43. Rd: * 5 fM, 1 M abn; ab * insg. 6 x wdh. [36]
44. Rd: * 2 fM, 1 M abn, 2 fM; ab * insg. 6 x wdh. [30]
Kopf und Körper gut mit Füllwatte ausstopfen und beim Häkeln nach und nach weiter ausstopfen.
45. Rd: * 3 fM, 1 M abn; ab * insg. 6 x wdh. [24]
46. Rd: * 1 fM, 1 M abn, 1 fM; ab * insg. 6 x wdh. [18]
47. Rd: * 1 fM, 1 M abn; ab * insg. 6 x wdh. [12]
48. Rd: 6 x 1 M abn. [6]
Abketten und einen Faden zum Nähen lassen. Mit der Wollnadel das Fadenende durch die vorderen M-Glieder der letzten 6 M führen. Fest anziehen und den Körper schließen. Die Garnenden vernähen.

SCHNABEL *(in Gelb)*

1. Rd: 6 fM in einen Fadenring arbeiten. [6]
2. Rd: 1 M zun, 5 fM. [7]
3. Rd: 7 fM häkeln. [7]
4. Rd: 1 M zun, 6 fM. [8]
5. Rd: 8 fM häkeln. [8]

Abketten und einen langen Faden zum Nähen lassen. Den Schnabel leicht mit Füllwatte ausstopfen.

FLÜGEL *(2 x, mit Grau beginnen)*

1. Rd: 5 fM in einen Fadenring arbeiten. [5]
2. Rd: 5 x 1 M zun. [10]
3. Rd: * 1 M zun, 1 fM; ab * insg. 5 x wdh. [15]
4. Rd: * 1 fM, 1 M zun, 1 fM; ab * insg. 5 x wdh. [20]
5.–12. Rd: 20 fM häkeln. [20]
Mit Dunkelgrau weiterarbeiten.
13. Rd: 20 fM häkeln. [20]
14. Rd: 1 M abn, 18 fM. [19]
Mit Grau weiterarbeiten.
15. Rd: 1 M abn, 17 fM. [18]
16. Rd: 1 M abn, 16 fM. [17]
Mit Dunkelgrau weiterarbeiten.
17. Rd: 1 M abn, 15 fM. [16]
18. Rd: 1 M abn, 14 fM. [15]
Mit Grau weiterarbeiten.
19. Rd: * 1 M abn, 3 fM; ab * insg. 3 x wdh. [12]
20. Rd: * 1 M abn, 2 fM; ab * insg. 3 x wdh. [9]
Abketten und einen Faden zum Nähen lassen. Den Flügel nicht ausstopfen. Mit der Wollnadel das Fadenende durch die vorderen M-Glieder der letzten 9 M führen. Fest anziehen und den Flügel schließen. Die Garnenden vernähen.

SCHWANZ *(mit Dunkelgrau beginnen)*

7 Lm anschlagen. Entlang beider Seiten der Lm-Kette in Rd häkeln.
1. Rd: In die 2. Lm ab der Nd einstechen, 5 fM, 3 fM in die letzte Lm häkeln. Auf der Rückseite der Lm-Kette weiterarbeiten. 4 fM, 2 fM in die letzte M. [14]
2. Rd: * 6 fM, 1 M zun; ab * insg. 2 x wdh. [16]
3.–4. Rd: 16 fM häkeln. [16]
Mit Grau weiterarbeiten.
5. Rd: 16 fM häkeln. [16]
Mit Dunkelgrau weiterarbeiten.
6. Rd: 16 fM häkeln. [16]
Mit Grau weiterarbeiten.
7. Rd: * 1 M abn, 6 fM; ab * insg. 2 x wdh. [14]
8.–9. Rd: 14 fM häkeln. [14]

Abketten und einen langen Faden zum Nähen lassen. Den Schwanz leicht mit Füllwatte ausstopfen.

FUSS *(2 x)*

★ ANMERKUNG: *Wenn die Anleitung für die Füße weniger anspruchsvoll sein soll, kannst du auch die Füße des Wiedehopfs (Seite 23) häkeln.*
Du beginnst mit 3 Krallen für jeden Fuß, die du später miteinander verbindest.

MITTLERE KRALLE *(2 x, eine für jeden Fuß, in Rosa)*

1. Rd: 6 fM in einen Fadenring arbeiten. [6]
2.–5. Rd: 6 fM häkeln. [6]
Abketten und Garnende vernähen. Die Krallen nicht ausstopfen.

SEITLICHE KRALLE *(4 x, zwei für jeden Fuß, in Rosa)*

1. Rd: 6 fM in einen Fadenring arbeiten. [6]
2.–4. Rd: 6 fM häkeln. [6]
Die 1. seitliche Kralle abketten und das Garnende vernähen.
Die 2. seitliche Kralle nicht abketten. Die Krallen nicht ausstopfen.

1

2

3

4

5

6

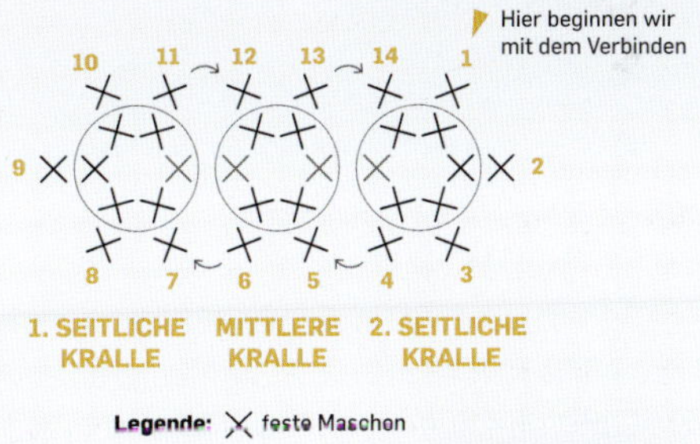

7

8

9

10

11

12

13

14

15

In der nächsten Rd verbinden wir die Krallen miteinander.

DIE KRALLEN MITEINANDER VERBINDEN

(mit Rosa)

(Zusätzliche Schritt-für-Schritt-Abbildungen findest du auf Seite 71 in der Anleitung für das Sägekauzmädchen.)

1. Rd: 4 fM entlang der 2. seitlichen Kralle, 2 fM entlang der mittleren Kralle, 5 fM entlang der 1. seitlichen Kralle, die letzte M dieser Kralle überspringen, die 1. M der mittleren Kralle überspringen, 2 fM entlang der mittleren Kralle, die letzte M der mittleren Kralle überspringen, die nächste M der 2. seitlichen Kralle überspringen, 1 fM in die 2. seitliche Kralle. [14] (Abb. 7)

*★ **ANMERKUNG:** Zwischen den Krallen entstehen kleine Lücken. Da die Krallen nicht ausgestopft werden, sind sie unsichtbar.*

2. Rd: * 1 M abn, 5 fM; ab * insg. 2 x wdh. [12]

In der nächsten Rd arbeiten wir Lücken für die Beine.

3. Rd: 2 fM, 3 Lm, die nächsten 3 M überspringen, 7 fM. [9 + 3 Lm]

4. Rd: 1 M abn, fM in die nächsten 3 Lm, 1 fM, 1 M abn, 4 fM. [10]

5. Rd: 5 x 1 M abn. [5]

Abketten und einen Faden zum Nähen lassen. Den Fuß nicht ausstopfen.

Mit der Wollnadel das Fadenende durch die vorderen M-Glieder der letzten 5 M führen. Fest anziehen und den Fuß schließen. Die Garnenden vernähen.

BEIN *(2 x, in Rosa)*

In der Eck-M der Lücke in der 3. Rd des Fußes mit Rosa neu anschlingen.

1. Rd: 1 fM in die Eck-M, 3 fM, 1 fM in die Eck-M, 3 fM. [8]

2.–7. Rd: 8 fM häkeln. [8]

Abketten und einen langen Faden zum Nähen lassen. (Abb. 8)

Wenn du möchtest, kannst du das Bein leicht mit Füllwatte ausstopfen.

FERTIGSTELLUNG

- Den Schnabel zwischen der 14. und 16. Rd mittig zwischen den Augen festnähen. (Abb. 9)
- Beginnend bei der 26. Rd, die Flügel am Körper feststecken. Nur die geschwungene Seite am Körper festnähen. Den restlichen Flügel unbefestigt lassen. (Abb. 10–11)
- Den Schwanz zwischen der 20. und 21. Rd am hinteren Körperende festnähen. (Abb. 12)
- Den oberen Rand der Beine vorne von der 42. bis zur 43. Rd mit einem Abstand von 6 M unten an den Körper nähen. (Abb. 13–14) Die Füße so positionieren, dass die Taube gut sitzen kann. Die Krallen zeigen nach oben.
- Mit violettem und petrolfarbenem Baumwoll- oder Stickgarn beliebig viele senkrechte Linien von der 18. bis zur 23. Rd aufsticken. (Abb. 15) Jede Linie sollte 1–2 M lang sein.

Button,

DAS SÄGEKAUZMÄDCHEN

Button, das Sägekauzmädchen, ist die kleinste Eule der Welt und verschmilzt aufgrund ihrer Tarnfedern wie ein Ninja nahtlos mit der Baumrinde. Deshalb ist sie Weltmeisterin im Verstecken spielen! Sie hat vielleicht einen lustigen Namen, aber auch unglaubliche Fähigkeiten. Button hört ausgezeichnet, kann in der Nacht sehen und ihren Hals wie ein Yoga-Profi verdrehen. Die Dunkelheit ist ihr Revier, in dem sie mit stiller Präzision jagt. Und anstatt ein eigenes Nest zu bauen, zieht sie es vor, eine gemütliche, möblierte Spechthöhle zu beziehen. Faul oder umweltbewusst? Das ist Ansichtssache!

Amigurumi-Galerie: QR-Code scannen oder **www.amigurumi.com/4908** besuchen und Bilder teilen bzw. kreative Anregungen finden.

MATERIAL:
Baumwollgarn (LL 57,5 m/25 g) in
- Braun *(50 g)*
- Weiß
- Senfgelb
- Dunkelblau *(Rest)*
- Meliertes Beige *(50 g)*

Häkelnadel 2,5 mm
Sicherheitsaugen (18 mm)
Wollnadel
Stecknadeln
Maschenmarkierer
Füllwatte

SCHWIERIGKEITSGRAD: ★★★
GRÖSSE: ca. 15 cm hoch (ohne Beine)

AUGENFLECK *(2 x, mit Senfgelb beginnen)*

1. Rd: 10 fM in einen Fadenring arbeiten. [10]
Beim Zuziehen des Ringes eine kleine Lücke lassen.
2. Rd: * 1 M zun, 1 fM; ab * insg. 5 x wdh. [15]
3. Rd: 15 Km häkeln. [15]
Abketten und Garnende vernähen. (Abb. 1)
Mit weißem Garn in einer beliebigen M der 2. Rd neu anschlingen. Die nächste Rd in den M der 2. Rd arbeiten. Die Km der 3. Rd befinden sich dabei auf der rechten Seite der Arbeit. (Abb. 2)
4. Rd: * 1 fM, 1 M zun, 1 fM; ab * insg. 5 x wdh. [20]
5. Rd: 2 Lm, * 1 hStb, 2 hStb in die nächste M; ab * insg. 10 x wdh. [30]
Abketten und einen langen Faden zum Nähen lassen. Die Sicherheitsaugen in der Mitte des Fadenrings einsetzen und den Ring dann zusammenziehen. (Abb. 3)
Den Verschluss noch nicht anbringen.

KOPF *(in Braun)*

1. Rd: 8 fM in einen Fadenring arbeiten. [8]
2. Rd: 8 x 1 M zun. [16]
3. Rd: * 1 fM, 1 M zun; ab * insg. 8 x wdh. [24]
4. Rd: * 1 fM, 1 M zun, 1 fM; ab * insg. 8 x wdh. [32]
5. Rd: * 3 fM, 1 M zun; ab * insg. 8 x wdh. [40]
6. Rd: * 2 fM, 1 M zun, 2 fM; ab * insg. 8 x wdh. [48]
7.–9. Rd: 48 fM häkeln. [48]
10. Rd: * 15 fM, 1 M zun; ab * insg. 3 x wdh. [51]
11.–13. Rd: 51 fM häkeln. [51]
14. Rd: * 8 fM, 1 M zun, 8 fM; ab * insg. 3 x wdh. [54]
In der nächsten Rd arbeiten wir Lücken, in die der Stift der Sicherheitsaugen passt.
15. Rd: 21 fM, 1 Lm, die nächste M überspringen, 10 fM, 1 Lm, die nächste M überspringen, 21 fM. [54]
16.–17. Rd: 54 fM häkeln. [54]
18. Rd: * 17 fM, 1 M zun; ab * insg. 3 x wdh. [57]
19. Rd: 57 fM. [57] (Abb. 4)
20. Rd: 57 fM, dabei ivM. [57] (Abb. 5)
21. Rd: 57 Krebsmaschen. [57] (Abb. 6 – Anleitung auf Seite 16)
Abketten und Garnenden vernähen.

KÖRPER *(in meliertem Beige)*

Am Kopf mit meliertem Beige im letzten unbearbeiteten hinteren M-Glied der 20. Rd neu anschlingen. (Abb. 7)

Die Kopfoberseite zeigt beim Häkeln von dir weg.

1. Rd: 9 fM ihM, die nächste M überspringen, 9 fM ihM; ab * insg. 3 x wdh. [54] (Abb. 8)
2. Rd: 54 fM häkeln. [54]
3. Rd: * 17 fM, 1 M zun; ab * insg. 3 x wdh. [57]
4. Rd: 57 fM häkeln. [57]
5. Rd: * 9 fM, 1 M zun, 9 fM; ab * insg. 3 x wdh. [60]
6. Rd: 60 fM häkeln. [60]

Die Augenflecken am Kopf positionieren und die Sicherheitsaugen durch die Lücken der 15. Rd stecken. Den Verschluss der Sicherheitsaugen befestigen. Mit dem weißen Garnende oder weißer Nähseide die Augenflecken rundherum am unteren Ende der halben Stäbchen in der 5. Rd festnähen. (Abb. 9) Den Kopf und den Körper mit Füllwatte ausstopfen und beim Häkeln nach und nach weiter ausstopfen.

7. Rd: * 19 fM, 1 M zun; ab * insg. 3 x wdh. [63]
8. Rd: 63 fM häkeln. [63]
9. Rd: * 10 fM, 1 M zun, 10 fM; ab * insg. 3 x wdh. [66]
10. Rd: 66 fM häkeln. [66]
11. Rd: * 21 fM, 1 M zun; ab * insg. 3 x wdh. [69]
12. Rd: 69 fM häkeln. [69]
13. Rd: * 11 fM, 1 M zun, 11 fM; ab * insg. 3 x wdh. [72]
14.–18. Rd: 72 fM häkeln. [72]
19. Rd: * 1 M abn, 7 fM; ab * insg. 8 x wdh. [64]
20. Rd: * 3 fM, 1 M abn, 3 fM; ab * insg. 8 x wdh. [56]
21. Rd: * 1 M abn, 5 fM; ab * insg. 8 x wdh. [48]
22. Rd: * 2 fM, 1 M abn, 2 fM; ab * insg. 8 x wdh. [40]
23. Rd: * 1 M abn, 3 fM; ab * insg. 8 x wdh. [32]
24. Rd: * 1 fM, 1 M abn, 1 fM; ab * insg. 8 x wdh. [24]
25. Rd: * 1 M abn, 1 fM; ab * insg. 8 x wdh. [16]
26. Rd: 8 x 1 M abn. [8]

Abketten und einen Faden zum Nähen lassen. Mit der Wollnadel das Fadenende durch die vorderen M-Glieder der letzten 8 M führen. Fest anziehen und den Körper schließen. Das Garnende vernähen. (Abb. 10)

SCHNABEL *(in Dunkelblau)*

1. Rd: 5 fM in einen Fadenring arbeiten. [5]
2. Rd: 1 M zun, 4 fM. [6]
3. Rd: 1 M zun, 5 fM. [7]
4. Rd: 1 M zun, 6 fM. [8]

Abketten und einen langen Faden zum Nähen lassen. Den Schnabel leicht mit Füllwatte ausstopfen.

FLÜGEL *(2 x, mit Braun beginnen)*

1. Rd: 5 fM in einen Fadenring arbeiten. [5]
2. Rd: 1 fM, 3 x 1 M zun, 1 fM. [8]
3. Rd: 1 fM, * 1 fM, 1 M zun; ab * insg. 3 x wdh, 1 fM. [11]
4. Rd: 1 fM, * 1 fM, 1 M zun, 1 fM; ab * insg. 3 x wdh, 1 fM. [14]
5. Rd: 1 fM, * 3 fM, 1 M zun; ab * insg. 3 x wdh, 1 fM. [17]
6. Rd: 1 fM, * 2 fM, 1 M zun, 2 fM; ab * insg. 3 x wdh, 1 fM. [20]
7. Rd: 1 fM, * 5 fM, 1 M zun; ab * insg. 3 x wdh, 1 fM. [23]
8. Rd: 1 fM, * 3 fM, 1 M zun, 3 fM; ab * insg. 3 x wdh, 1 fM. [26] (Abb. 11)

Mit meliertem Beige neu anschlingen und für einen weichen Farbübergang die 9. sowie die 10. Rd gemäß dem Zählmuster (Abb. 13) sowohl mit Braun als auch mit meliertem Beige häkeln. Du kannst hier mit der Jacquard-Technik arbeiten. (Seite 15)

9. Rd: 1 fM, * 7 fM, 1 M zun; ab * insg. 3 x wdh, 1 fM. [29]
10. Rd: 1 fM, * 4 fM, 1 M zun, 4 fM; ab * insg. 3 x wdh, 1 fM. [32] (Abb. 12)

Das braune Garn abketten und mit meliertem Beige weiterarbeiten.

11. Rd: 1 fM, * 9 fM, 1 M zun; ab * insg. 3 x wdh, 1 fM. [35]
12. Rd: 1 fM, * 5 fM, 1 M zun, 5 fM; ab * insg. 3 x wdh, 1 fM. [38]

Den Flügel nicht ausstopfen. Den Flügel in der Mitte zusammenfalten. Die letzte M befindet sich dabei an der Seite. Die ersten M der nächsten R durch beide Lagen häkeln und die Öffnung schließen. (Abb. 14)

Abschluss-R + Federn: zuerst 5 fM durch beide Lagen häkeln, dann nur durch die Lage häkeln, die zu dir zeigt, 1 Km, 3 Lm (Abb. 15), in die 3. Lm ab der Nd einstechen, 1 hStb in diese Lm, die nächste M am Flügel übersprin-

1

2

3

4

5

6

7

8

9

10

11

12

13

14

gen, 1 Km in die nächste M am Flügel (Abb. 16), * 4 Lm, in die 3. Lm ab der Nd einstechen, hStb in die nächsten 2 Lm, die nächste M am Flügel überspringen, 1 Km in die nächste M am Flügel; ab * insg. 2 x wdh, * 5 Lm, in die 3. Lm ab der Nd einstechen, hStb in die nächsten 3 Lm, die nächste M am Flügel überspringen, 1 Km in die nächste M am Flügel; ab * insg. 7 x wdh, * 4 Lm, in die 3. Lm ab der Nd einstechen, hStb in die nächsten 2 Lm, die nächste M am Flügel überspringen, 1 Km in die nächste M am Flügel; ab * insg. 2 x wdh, 3 Lm, in die 3. Lm ab der Nd einstechen, 1 hStb in diese Lm, die nächste M am Flügel überspringen, 1 Km in die nächste M am Flügel, die letzte M überspringen. [19 + 13 Federn] (Abb. 17–18)
5 Km häkeln, damit die Kanten auf beiden Seiten sauberer aussehen.
Abketten und einen langen Faden zum Nähen lassen.
Entlang der 12. Rd nähen und die Öffnung unterhalb der Federn schließen. (Abb. 19) Die Federn dabei nicht zusammennähen. Den Flügel nicht ausstopfen. (Abb. 20)

KOPFFEDER *(2 x, in Braun)*

In R arbeiten.
1. R: * 6 Lm, in die 3. Lm ab der Nd einstechen, 2 hStb, 2 fM; ab * insg. 3 x wdh. [3 Federn, die unten miteinander verbunden sind]
Abketten und einen langen Faden zum Nähen lassen. (Abb. 21)

SCHWANZFEDERN *(1 x in Braun und 1 x in meliertem Beige)*

19 Lm anschlagen. In R arbeiten.
1. R: In die 2. Lm ab der Nd einstechen, 18 fM, wenden. [18]
2. R: 1 Lm, 18 fM, wenden. [18]
3. R: 3 Lm, in die 3. Lm ab der Nd einstechen, 1 hStb in diese Lm, 1 Km in die nächste M am Schwanz, * 4 Lm, in die 3. Lm ab der Nd einstechen, hStb in die nächsten 2 Lm, die nächste M am Schwanz überspringen, 1 Km in die nächste M am Schwanz; ab * insg. 2 x wdh, * 5 Lm, in die 3. Lm ab der Nd einstechen, hStb in die nächsten

3 Lm, die nächste M am Schwanz überspringen, 1 Km in die nächste M am Schwanz; ab * insg. 3 x wdh, * 4 Lm, in die 3. Lm ab der Nd einstechen, hStb in die nächsten 2 Lm, die nächste M am Schwanz überspringen, 1 Km in die nächste M am Schwanz; ab * insg. 2 x wdh, 3 Lm, in die 3. Lm ab der Nd einstechen, 1 hStb in diese Lm, die nächste M am Schwanz überspringen, 1 Km in die nächste M am Schwanz. [9 Federn]
Abketten und einen langen Faden zum Nähen lassen. (Abb. 22)

FUSS *(2 x)*

Wir beginnen mit 3 Krallen für jeden Fuß, die wir später miteinander verbinden.

MITTLERE KRALLE *(2 x, eine für jeden Fuß, in Senfgelb)*

1. Rd: 6 fM in einen Fadenring arbeiten. [6]
2.–5. Rd: 6 fM häkeln. [6]
Abketten und Garnende vernähen. Die Krallen nicht ausstopfen.

SEITLICHE KRALLE *(4 x, zwei für jeden Fuß, in Senfgelb)*

1. Rd: 6 fM in einen Fadenring arbeiten. [6]
2.–4. Rd: 6 fM häkeln. [6]
Die 1. seitliche Kralle abketten und das Garnende vernähen. Die 2. seitliche Kralle nicht abketten und die Krallen nicht ausstopfen. In der nächsten Rd verbinden wir die Krallen miteinander.

DIE KRALLEN MITEINANDER VERBINDEN *(in Senfgelb) (Abb. 23)*

1. Rd: 4 fM entlang der 2. seitlichen Kralle, 2 fM entlang der mittleren Kralle (Abb. 24), 5 fM entlang der 1. seitlichen Kralle, die letzte M überspringen, die nächste M der mittleren Kralle überspringen, 2 fM entlang der mittleren Kralle, die letzte M dieser Kralle überspringen, die nächste M der 2. seitlichen Kralle überspringen, 1 fM in die nächste M der 2. seitlichen Kralle. [14] (Abb. 25)

***ANMERKUNG:** Zwischen den Krallen entstehen kleine Lücken, doch da die Krallen nicht ausgestopft werden, sind sie unsichtbar. (Abb. 26)*

2. Rd: * 1 M abn, 5 fM; ab * insg. 2 x wdh. [12]

In der nächsten Rd arbeiten wir Lücken für die Beine.

3. Rd: 2 fM, 3 Lm, 3 M überspringen, 7 fM. [9 + 3 Lm] (Abb. 27)

4. Rd: 1 M abn, fM in die nächsten 3 Lm, 1 fM, 1 M abn, 4 fM. [10]

5. Rd: 5 x 1 M abn. [5]

Abketten und einen Faden zum Nähen lassen. Den Fuß nicht ausstopfen. Mit der Wollnadel das Fadenende durch die vorderen M-Glieder der letzten 5 M führen. Fest anziehen und den Fuß schließen. Die Garnenden vernähen. (Abb. 28)

BEIN *(2 x, in Senfgelb)*

In der Eck-M der Lücke in der 3. Rd des Fußes mit Senfgelb neu anschlingen. (Abb. 29)

1. Rd: 1 fM in die Eck-M, 3 fM, 1 fM in die Eck-M, 3 fM. [8] (Abb. 30)

2.–7. Rd: 8 fM häkeln. [8]

Abketten und einen langen Faden zum Nähen lassen. (Abb. 31)

Wenn du möchtest, kannst du das Bein leicht mit Füllwatte ausstopfen.

FERTIGSTELLUNG

***TIPP:** Positioniere alle Teile vor dem Festnähen mit Stecknadeln!*

- Den Schnabel leicht öffnen und zwischen den Augen von der 14. bis zur 17. Rd feststecken. Die letzte Rd ringsum mit dem dunkelblauen Garnende oder einem Stück Nähgarn in der passenden Farbe festnähen.
- Die Flügel am Körper feststecken. Sie sollten direkt unter den Krebsmaschen am Kopf sitzen. Die kurze gerade Kante wird am Hals positioniert und die Federn zeigen nach vorne. Nur die kurze gerade Flügelkante am Körper festnähen. Den restlichen Flügel unbefestigt lassen. (Abb. 32)
- Die Schwanzfedern auf der Körperrückseite feststecken. Die braunen Federn unterhalb der beigen Federn befestigen. (Abb. 33) Die braunen Federn an der 16. und 17. Rd und die beigen Federn in der 14. und 15. Rd festnähen. Entlang der Anfangs-Lm-Kette der beiden Teile nähen. (Abb. 34)
- Die Kopffedern zwischen der 7. und 8. Rd auf beiden Seiten des Kopfes feststecken. Mit einem kleinen Stich zwischen jeder der 3 Federn festnähen. (Abb. 35)
- Den oberen Rand der Beine vorne zwischen der 22. und 23. Rd mit einem Abstand von 6 M unten an den Körper nähen. (Abb. 36) Die Füße so positionieren, dass der Kauz gut sitzen kann. Die Krallen zeigen nach oben.

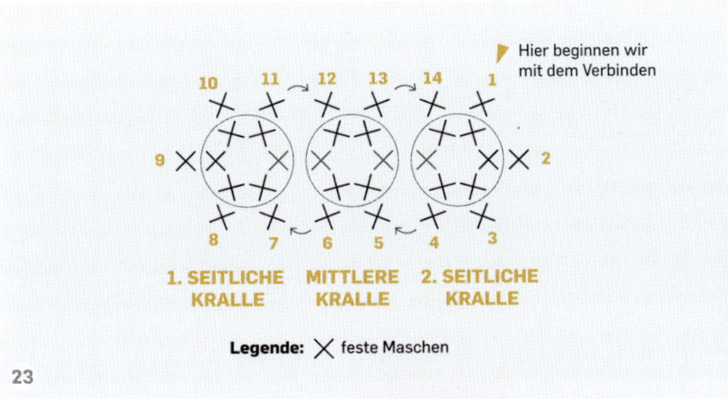

23

24

25

26

27

28

29

30

31

32

33

34

35

36

Argo, der Pfau, öffnet seine herrlichen Federn wie einen wunderschönen Fächer. Jedes regenbogenfarbene Auge darauf funkelt im Sonnenlicht und erregt die Aufmerksamkeit aller umstehenden Pfauendamen. Wusstest du, dass der Schwanz eines Pfaus fast zwei Meter breit werden kann? Doch hinter diesem bezaubernden Schauspiel verbirgt sich ein entspannter Charakter, eine Liebe zur Poesie und eine Leidenschaft für Mangos. Argo, der Pfau, ist ein stimmlich starker Bursche, der gerne Krach macht und schrille Laute von sich gibt, die die gesamte Nachbarschaft aufwecken.

Argo, der Pfau

Amigurumi-Galerie: QR-Code scannen oder **www.amigurumi.com/4909** besuchen und Bilder teilen bzw. kreative Anregungen finden.

MATERIAL:
Baumwollgarn (LL 57,5 m/25 g) in
- Petrol *(75 g)*
- Hellgrau
- Weiß *(Rest)*
- Grün *(50 g)*
- Türkis
- Rosa *(Rest)*
- Senfgelb

Häkelnadel 2,5 mm
Sicherheitsaugen (12 mm)
Wollnadel
Stecknadeln
Maschenmarkierer
Füllwatte

SCHWIERIGKEITSGRAD: ★★★
GRÖSSE: ca. 23 cm hoch

KOPF UND KÖRPER *(in Petrol)*

1. Rd: 6 fM in einen Fadenring arbeiten. [6]
2. Rd: 6 x 1 M zun. [12]
3. Rd: * 1 M zun, 1 fM; ab * insg. 6 x wdh. [18]
4. Rd: * 1 M zun, 2 fM; ab * insg. 6 x wdh. [24]
5. Rd: * 1 M zun, 3 fM; ab * insg. 6 x wdh. [30]
6. Rd: * 1 M zun, 4 fM; ab * insg. 6 x wdh. [36]
7.–24. Rd: 36 fM häkeln. [36]
25. Rd: * 11 fM, 1 M zun; ab * insg. 3 x wdh. [39]
26.–28. Rd: 39 fM häkeln. [39]
29. Rd: * 6 fM, 1 M zun, 6 fM; ab * insg. 3 x wdh. [42]
30.–31. Rd: 42 fM häkeln. [42]
In der nächsten Rd häkeln wir das „Rückgrat" des Pfaus.
32. Rd: 10 Lm (Abb. 1), in die 2. Lm ab der Nd einstechen, 9 fM, in den M der 31. Rd weiterhäkeln (Abb. 2) und 42 fM arbeiten, auf der anderen Seite der Lm-Kette weiterarbeiten (Abb. 3), 9 fM. [60] (Abb. 4)
Die letzte M mit einem MM markieren. Das ist der neue Rd-Anfang.
33. Rd: 3 fM in die nächste M, 58 fM, 3 fM in die nächste M. [64]
34. Rd: 1 fM, 1 M zun, 60 fM, 1 M zun, 1 fM. [66]
35.–49. Rd: 66 fM häkeln. [66]
Die Sicherheitsaugen zwischen der 14. und 15. Rd mit einem Abstand von 12 M einsetzen. (Abb. 5)
50. Rd: * 9 fM, 1 M abn; ab * insg. 6 x wdh. [60]
51. Rd: * 4 fM, 1 M abn, 4 fM; ab * insg. 6 x wdh. [54]
52. Rd: * 7 fM, 1 M abn; ab * insg. 6 x wdh. [48]
53. Rd: * 3 fM, 1 M abn, 3 fM; ab * insg. 6 x wdh. [42]
54. Rd: * 5 fM, 1 M abn; ab * insg. 6 x wdh. [36]
Kopf und Körper gut mit Füllwatte ausstopfen und beim Häkeln nach und nach weiter ausstopfen.
55. Rd: * 2 fM, 1 M abn, 2 fM; ab * insg. 6 x wdh. [30]
56. Rd: * 3 fM, 1 M abn; ab * insg. 6 x wdh. [24]
57. Rd: * 1 fM, 1 M abn, 1 fM; ab * insg. 6 x wdh. [18]
58. Rd: * 1 fM, 1 M abn; ab * insg. 6 x wdh. [12]
59. Rd: 6 x 1 M abn. [6]
Abketten und einen Faden zum Nähen lassen. Mit der Wollnadel das Fadenende durch die vorderen M-Glieder der letzten 6 M führen. Fest anziehen und den Körper schließen. Die Garnenden vernähen. (Abb. 6)

SCHNABEL *(in Hellgrau)*

1. Rd: 6 fM in einen Fadenring arbeiten. [6]
2. Rd: 6 fM häkeln. [6]
3. Rd: * 1 M zun, 2 fM; ab * insg. 2 x wdh. [8]
4. Rd: 8 fM häkeln. [8]
5. Rd: * 1 M zun, 3 fM; ab * insg. 2 x wdh. [10]
6. Rd: 10 fM häkeln. [10]
Abketten und einen langen Faden zum Nähen lassen. Den Schnabel leicht mit Füllwatte ausstopfen.

WANGE *(2 x in Weiß)*

1. Rd: 5 fM in einen Fadenring arbeiten. [5]
2. Rd: 5 x 1 M zun. [10]
Abketten und einen langen Faden zum Nähen lassen.

KOPFFEDERN *(in Petrol)*

In R arbeiten.

1. R: * 11 Lm (Abb. 7), in die 3. Lm ab der Nd einstechen, eine 3-Stb-Noppe in diese Lm häkeln (Abb. 8–9), Km in die nächsten 8 Lm (Abb. 10); ab * insg. 5 x wdh. [5 Federn, die unten miteinander verbunden sind]

Abketten und einen Faden zum Nähen lassen. (Abb. 11)

FLÜGEL *(2 x in Petrol)*

1. Rd: 6 fM in einen Fadenring arbeiten. [6]

2. Rd: 6 x 1 M zun. [12]

3. Rd: * 1 M zun, 1 fM; ab * insg. 6 x wdh. [18]

4.–6. Rd: 18 fM häkeln. [18]

Den Flügel in der Mitte zusammenfalten. Die letzte M befindet sich dabei an der Seite. Die nächste R durch beide Lagen häkeln und so den Flügel schließen. Den Flügel nicht ausstopfen.

Abschluss-R: 9 fM häkeln. [9]

Abketten und einen langen Faden zum Nähen lassen.

FEDERAUGE *(10 x, mit Petrol beginnen)*

1. Rd: 5 fM in einen Fadenring arbeiten. [5]

2. Rd: 5 x 1 M zun. [10]

Mit Türkis weiterarbeiten.

★ TIPP: *Beim Abketten des petrolfarbenen Garns kannst du den Garnanfang und das Garnende verknoten, anstatt sie zu vernähen. Die Rückseite der Federn ist am Ende nicht zu sehen.*

★ TIPP: *Für einen schöneren Farbübergang kannst du die vorherige Farbe zuerst abketten, bevor du mit der nächsten Farbe neu anschlingst und die beiden mit einer stehenden fM verbindest (Anleitung auf Seite 15).*

3. Rd: * 1 M zun, 1 fM; ab * insg. 5 x wdh. [15]

Mit Rosa weiterarbeiten.

4. Rd: * 1 fM, 1 M zun, 1 fM; ab * insg. 5 x wdh. [20]

Mit Senfgelb weiterarbeiten.

5. Rd: 1 fM, * 1 M zun, 3 fM; ab * insg. 2 x wdh, 2 hStb in die nächste M, 3 Stb in die nächste M, 2 hStb in die nächste M, * 3 fM, 1 M zun; ab * insg. 2 x wdh. [28] (Abb. 12)

Abketten und Garnenden vernähen oder auf der Rückseite verknoten. (Abb. 13–15)

Die 7. und die 23. M mit MM versehen. (Abb. 16)

SCHWANZ *(in Grün)*

1. Rd: 7 fM in einen Fadenring arbeiten. [7]

2. Rd: 7 x 1 M zun. [14]

3. Rd: * 1 fM, 1 M zun; ab * insg. 7 x wdh. [21]

4. Rd: * 1 fM, 1 M zun, 1 fM; ab * insg. 7 x wdh. [28]

5. Rd: * 3 fM, 1 M zun; ab * insg. 7 x wdh. [35]

6. Rd: * 2 fM, 1 M zun, 2 fM; ab * insg. 7 x wdh. [42]

7. Rd: * 5 fM, 1 M zun; ab * insg. 7 x wdh. [49]

8. Rd: * 3 fM, 1 M zun, 3 fM; ab * insg. 7 x wdh. [56]

9. Rd: * 7 fM, 1 M zun; ab * insg. 7 x wdh. [63]

10. Rd: * 4 fM, 1 M zun, 4 fM; ab * insg. 7 x wdh. [70]

11. Rd: * 9 fM, 1 M zun; ab * insg. 7 x wdh. [77]

12. Rd: * 5 fM, 1 M zun, 5 fM; ab * insg. 7 x wdh. [84]

13. Rd: * 11 fM, 1 M zun; ab * insg. 7 x wdh. [91]

14. Rd: * 6 fM, 1 M zun, 6 fM; ab * insg. 7 x wdh. [98]

15. Rd: * 13 fM, 1 M zun; ab * insg. 7 x wdh. [105]

16. Rd: * 7 fM, 1 M zun, 7 fM; ab * insg. 7 x wdh. [112]

17. Rd: * 15 fM, 1 M zun; ab * insg. 7 x wdh. [119]

1
2
3
4
5
6
7
8
9
10
11
12
13
14
15
16

18. Rd: * 8 fM, 1 M zun, 8 fM; ab * insg. 7 x wdh. [126]
19. Rd: 5 fM, * 14 fM, 1 M zun, 14 fM; ab * insg. 4 x wdh, 5 fM. [130] (Abb. 17)
In der nächsten Rd verbinden wir die Federaugen mit dem Schwanz.
20. Rd: * ein Federauge am oberen Rand positionieren, in der markierten 7. M des Federauges beginnen (Abb. 18), 8 fM entlang des Federauges (Abb. 19), 1 M zun, 8 fM entlang des Federauges (Abb. 20), dabei am Schwanz 10 M der 19. Rd überspringen – die übersprungenen M befinden sich hinter dem Federauge (Abb. 21), 3 fM in die 19. Rd am Schwanz (Abb. 22); ab * insg. 9 x wdh. Das letzte Federauge am oberen Rand positionieren, in der markierten 7. M des Federauges beginnen, 8 fM entlang des Federauges, 1 M zun, 8 fM entlang des Federauges, dabei am Schwanz 10 M der 19. Rd überspringen, 1 fM in die 19. Rd am Schwanz, 1 Km in die 19. Rd, die letzte M der 19. Rd überspringen. [209] (Abb. 23)
Eine kurze Häkelpause einlegen, aber das grüne Garn nicht abketten.
Mit einem langen petrolfarbenen Garnstück den Federschaft mit Steppstichen aufsticken. (Abb. 24)
Dann den Schwanz in der Mitte zusammenfalten. Die letzte M befindet sich dabei an der Seite. (Abb. 25) Den Schwanz nicht ausstopfen.
Die nächste R durch beide Lagen häkeln und die Öffnung schließen. (Abb. 26)
Abschluss-R: * 9 fM die Feder hinauf, ein 3-Lm-Picot in die nächste M, 9 fM die Feder hinunter (Abb. 27), 1 M überspringen, 1 fM, 1 M überspringen; ab * insg. 4 x wdh, 9 fM die Feder hinauf, ein 3-Lm-Picot in die nächste M, 9 fM die Feder hinunter, 1 Km. [95 + 5 Picots]
Abketten und Garnenden vernähen. (Abb. 28)

FUSS *(2 x)*
Wir beginnen mit 3 Krallen für jeden Fuß, die wir später miteinander verbinden.

17

18

19

20

21

22

23

24

25

26

27

28

MITTLERE KRALLE *(2 x, eine für jeden Fuß, in Hellgrau)*

1. Rd: 6 fM in einen Fadenring arbeiten. [6]

2.–5. Rd: 6 fM häkeln. [6]

Abketten und Garnende vernähen. Die Krallen nicht ausstopfen.

SEITLICHE KRALLE *(4 x, zwei für jeden Fuß, in Hellgrau)*

1. Rd: 6 fM in einen Fadenring arbeiten. [6]

2.–4. Rd: 6 fM häkeln. [6]

Die 1. seitliche Kralle abketten und das Garnende vernähen.

Die 2. seitliche Kralle nicht abketten und die Krallen nicht ausstopfen. (Abb. 30)

In der nächsten Rd verbinden wir die Krallen miteinander.

DIE KRALLEN MITEINANDER VERBINDEN

(in Hellgrau) (Abb. 29)

1. Rd: 4 fM entlang der 2. seitlichen Kralle, 2 fM entlang der mittleren Kralle, 5 fM entlang der 1. seitlichen Kralle, die letzte M dieser Kralle überspringen, die nächste M der mittleren Kralle überspringen, 2 fM entlang der mittleren M, die letzte M dieser Kralle überspringen, die nächste M der 2. seitlichen Kralle überspringen, 1 fM in die nächste M der 2. seitlichen Kralle. [14] (Abb. 31)

** **ANMERKUNG:** Zwischen den Krallen entstehen kleine Lücken, doch da die Krallen nicht ausgestopft werden, sind sie unsichtbar.*

2. Rd: * 1 M abn, 5 fM; ab * insg. 2 x wdh. [12]

In der nächsten Rd arbeiten wir Lücken für die Beine.

3. Rd: 2 fM, 3 Lm, die nächsten 3 M überspringen (Abb. 32), 7 fM. [9 + 3 Lm]

4. Rd: 1 M abn, fM in die nächsten 3 Lm, 1 fM, 1 M abn, 4 fM. [10]

5. Rd: 5 x 1 M abn. [5]

Abketten und einen Faden zum Nähen lassen. Den Fuß nicht ausstopfen. Mit der Wollnadel das Fadenende durch die vorderen M-Glieder der letzten 5 M führen. Fest anziehen und den Fuß schließen. Die Garnenden vernähen. (Abb. 33)

BEIN *(2 x, in Hellgrau)*

In der Eck-M der Lücke in der 3. Rd des Fußes mit Hellgrau neu anschlingen. (Abb. 34)

1. Rd: 1 fM in die Eck-M, 3 fM, 1 fM in die Eck-M, 3 fM. [8] (Abb. 35)

2.–7. Rd: 8 fM häkeln. [8]

Abketten und einen langen Faden zum Nähen lassen. (Abb. 36)

Wenn du möchtest, kannst du das Bein leicht mit Füllwatte ausstopfen.

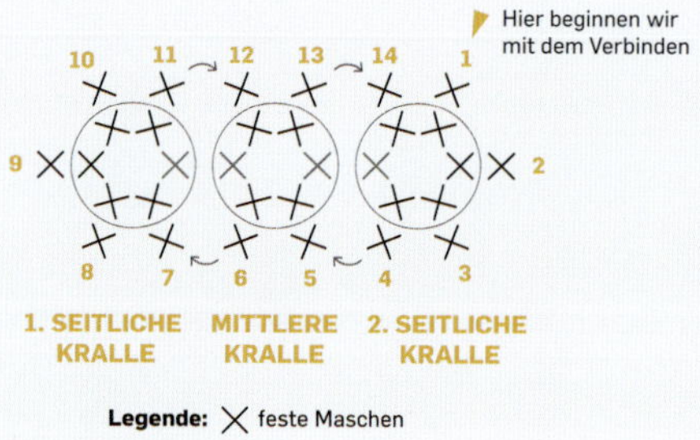

29

FERTIGSTELLUNG

- Den Schnabel zwischen der 13. und 16. Rd mittig zwischen den Augen festnähen.
- Die Kopffedern oben am Kopf feststecken und dann mit kleinen Stichen zwischen den einzelnen Federn festnähen.
- Die Wangen unterhalb der Augen festnähen. (Abb. 37)

- Die 6. Rd des Schwanzes zwischen der 35. und 45. Rd hinten am Körper befestigen. (Abb. 38–39)
- Die Flügel zwischen der 38. und 39. Rd am Körper feststecken. (Abb. 40) Nur die letzte R am Körper festnähen.
- Den oberen Rand der Beine vorne zwischen der 52. und 53 Rd mit einem Abstand von 8 M unten an den Körper nähen. (Abb. 41) Die Füße so positionieren, dass der Pfau gut sitzen kann. Die Krallen zeigen nach oben.

Scoop, der Pelikan, liegt gerne mit seinen Freunden am Strand und genießt die Sonne. Doch eigentlich ist das Wasser sein Element. Er liebt es, tief ins Wasser hinabzutauchen, wo er mit seinen Schwimmfüßen paddelt und Fische schon von Weitem erkennt. **Sein großer Schnabel ist wie ein Fischernetz, mit dem er köstliche Leckerbissen mühelos einfängt.** Dagegen gehört das Laufen an Land nicht zu seinen Stärken. Aber man kann schließlich nicht alles können, stimmt's?

Scoop, DER PELIKAN

Amigurumi-Galerie: QR-Code scannen oder **www.amigurumi.com/4910** besuchen und Bilder teilen bzw. kreative Anregungen finden.

MATERIAL:
Baumwollgarn (LL 57,5 m/25 g) in
- Weiß *(75 g)*
- Gelb *(50 g)*
- Dunkelbraun
- Senfgelb

Häkelnadel 2,5 mm
Sicherheitsaugen (12 mm)
Wollnadel
Stecknadeln
Maschenmarkierer
Füllwatte

SCHWIERIGKEITSGRAD: ***
GRÖSSE: ca. 20 cm hoch

KOPF UND KÖRPER *(in Weiß)*

1. Rd: 6 fM in einen Fadenring arbeiten. [6]
2. Rd: 6 x 1 M zun. [12]
3. Rd: * 1 M zun, 1 fM; ab * insg. 6 x wdh. [18]
4. Rd: * 1 M zun, 2 fM; ab * insg. 6 x wdh. [24]
5. Rd: * 1 M zun, 3 fM; ab * insg. 6 x wdh. [30]
6. Rd: * 1 M zun, 4 fM; ab * insg. 6 x wdh. [36]
7.–30. Rd: 36 fM häkeln. [36]
In der nächsten Rd häkeln wir das „Rückgrat" des Pelikans.
31. Rd: 13 Lm (Abb. 1), in die 2. Lm ab der Nd einstechen, 12 fM, in den M der 30. Rd weiterhäkeln (Abb. 2) und 36 fM arbeiten, auf der anderen Seite der Lm-Kette weiterarbeiten (Abb. 3), 12 fM. [60] (Abb. 4)
Die letzte M mit MM als neuen Rd-Anfang markieren.
32. Rd: 3 fM in die nächste M, 58 fM, 3 fM in die nächste M. [64]
33. Rd: 1 fM, 1 M zun, 61 fM, 1 M zun. [66]
Die Sicherheitsaugen vorne, zwischen der 13. und 14. Rd mit einem Abstand von 12 M einsetzen. (Abb. 5) Kopf und Körper gut mit Füllwatte ausstopfen und beim Häkeln nach und nach weiter ausstopfen.
34.–50. Rd: 66 fM häkeln. [66]
51. Rd: * 9 fM, 1 M abn; ab * insg. 6 x wdh. [60]
52. Rd: * 4 fM, 1 M abn, 4 fM; ab * insg. 6 x wdh. [54]
53. Rd: * 7 fM, 1 M abn; ab * insg. 6 x wdh. [48]
54. Rd: * 3 fM, 1 M abn, 3 fM; ab * insg. 6 x wdh. [42]
55. Rd: * 5 fM, 1 M abn; ab * insg. 6 x wdh. [36]
56. Rd: * 2 fM, 1 M abn, 2 fM; ab * insg. 6 x wdh. [30]
57. Rd: * 3 fM, 1 M abn; ab * insg. 6 x wdh. [24]
58. Rd: * 1 fM, 1 M abn, 1 fM; ab * insg. 6 x wdh. [18]
59. Rd: * 1 fM, 1 M abn; ab * insg. 6 x wdh. [12]
60. Rd: 6 x 1 M abn. [6]
Abketten und einen Faden zum Nähen lassen. Mit der Wollnadel das Fadenende durch die vorderen M-Glieder der letzten 6 M führen. Fest anziehen und den Körper schließen. (Abb. 6) Die Garnenden vernähen.

SCHNABEL *(in Gelb)*

Der Schnabel wird in zwei Teilen gehäkelt: einem oberen und einem unteren Schnabel.
Der obere Schnabel besteht aus einem Außen- und einem Innenteil, die später miteinander verbunden werden.

OBERER SCHNABEL – INNENTEIL *(in Gelb)*

13 Lm anschlagen. Entlang beider Seiten der Lm-Kette in Rd häkeln.
1. Rd: In die 2. Lm ab der Nd einstechen, 11 fM, 5 fM in die letzte Lm häkeln. Auf der Rückseite der Lm-Kette weiterarbeiten. 11 fM. [27] (Abb. 7)
2. Rd: * 3 fM in die nächste M, 12 fM; ab * insg. 2 x wdh, 3 fM in die nächste M. [33]
3. Rd: 1 fM, * 3 fM in die nächste M, 14 fM; ab * insg. 2 x wdh, 3 fM in die nächste M, 1 fM. [39]
4. Rd: 2 fM, * 3 fM in die nächste M, 16 fM; ab * insg. 2 x wdh, 3 fM in die nächste M, 2 fM. [45]
Abketten und Garnenden vernähen. (Abb. 8)

OBERER SCHNABEL – AUSSENTEIL (in Gelb)

13 Lm anschlagen. Entlang beider Seiten der Lm-Kette in Rd häkeln.

1. Rd: In die 2. Lm ab der Nd einstechen, 11 fM, 5 fM in die letzte Lm häkeln. Auf der Rückseite der Lm-Kette weiterarbeiten. 11 fM. [27]

2. Rd: * 3 fM in die nächste M, 12 fM; ab * insg. 2 x wdh, 3 fM in die nächste M. [33]

3. Rd: 1 fM, * 3 fM in die nächste M, 14 fM; ab * insg. 2 x wdh, 3 fM in die nächste M, 1 fM. [39]

4. Rd: 2 fM, * 3 fM in die nächste M, 16 fM; ab * insg. 2 x wdh, 3 fM in die nächste M, 2 fM. [45]

5. Rd: 3 fM, * 3 fM in die nächste M, 18 fM; ab * insg. 2 x wdh, 3 fM in die nächste M, 3 fM. [51] (Abb. 9)

Das Außenteil nicht abketten. In der nächsten Rd verbinden wir das Außen- und das Innenteil miteinander.

DIE SCHNABELTEILE VERBINDEN (in Gelb)

1. Rd: Km in die nächsten 3 M am Außenteil, 3 M am Außenteil überspringen (Abb. 10), 1 Km in die nächste M am Außenteil (Abb. 11). Das Innenteil unter das Außenteil legen. Die Rückseiten zeigen zueinander. Mit einem MM die mittleren M an der Spitze des Innen- und des Außenteils aneinander ausrichten (Abb. 12). Die nächsten M durch beide Lagen häkeln und so die beiden Teile miteinander verbinden (Abb. 13), 38 Km häkeln (den MM während des Häkelns entfernen und darauf achten, dass die Teile korrekt aneinander ausgerichtet sind). Jetzt nur am Außenteil weiterarbeiten, 3 M am Außenteil überspringen (Abb. 14), Km in die nächsten 3 M am Außenteil. [44]

Abketten und einen langen Faden zum Nähen lassen. (Abb. 15)

UNTERER SCHNABEL (in Gelb)

1. Rd: 6 fM in einen Fadenring arbeiten. [6]

2. Rd: 6 x 1 M zun. [12]

3. Rd: * 1 M zun, 1 fM; ab * insg. 6 x wdh. [18]

4. Rd: * 1 M zun, 2 fM; ab * insg. 6 x wdh. [24]

5. Rd: 11 fM, 2 x 1 M zun, 11 fM. [26]

6. Rd: 12 fM, 2 x 1 M zun, 12 fM. [28]

7. Rd: 13 fM, 2 x 1 M zun, 13 fM. [30]

8. Rd: 15 fM, 2 x 1 M zun, 13 fM. [32]

9. Rd: 16 fM, 2 x 1 M zun, 14 fM. [34]

10. Rd: 17 fM, 2 x 1 M zun, 15 fM. [36]

11. Rd: 19 fM, 2 x 1 M zun, 15 fM. [38]

12. Rd: 20 fM, 2 x 1 M zun, 16 fM. [40]

13. Rd: 21 fM, 2 x 1 M zun, 17 fM. [42]

14.–27. Rd: 42 fM häkeln. [42]

28. Rd: 8 fM, 34 Km. [42]

Abketten und einen langen Faden zum Nähen lassen. (Abb. 16)

KOPFFEDERN (in Weiß)

In R arbeiten.

1. R: * 8 Lm, in die 3. Lm ab der Nd einstechen, Stb in die nächsten 5 Lm, 1 Stb + 3 Lm + 1 Km in die nächste Lm; ab * insg. 3 x wdh. [3 Federn, die unten miteinander verbunden sind]

Abketten und einen langen Faden zum Nähen lassen. (Abb. 17)

1

2

3

4

5
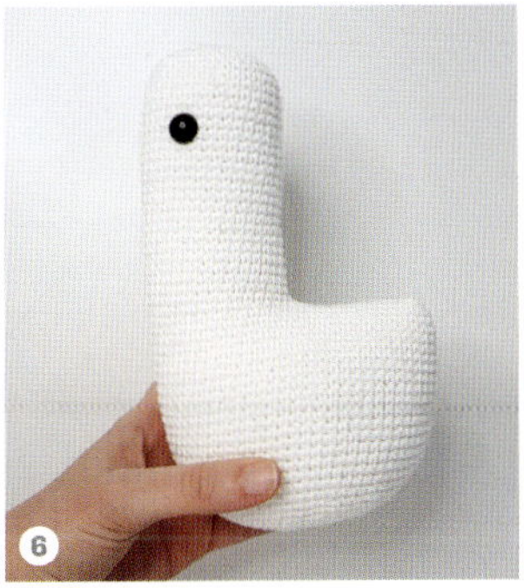
6

7

8

9

10

11

12

13

14

15

16

17

18

19

20

21

22

23

24

25

26

27

28

29

30

31

32

FLÜGEL *(2 x, mit Weiß beginnen)*

10 Lm anschlagen. Entlang beider Seiten der Lm-Kette in Rd häkeln.
1. Rd: In die 2. Lm ab der Nd einstechen, 8 fM, 5 fM in die letzte Lm häkeln. Auf der Rückseite der Lm-Kette weiterarbeiten. 7 fM, 4 fM in die letzte M. [24]
2. Rd: * 9 fM, 3 x 1 M zun; ab * insg. 2 x wdh. [30]
3. Rd: 9 fM, * 1 fM, 1 M zun; ab * insg. 3 x wdh, 9 fM, * 1 fM, 1 M zun; ab * insg. 3 x wdh. [36]
4. Rd: 9 fM, * 1 M zun, 2 fM; ab * insg. 3 x wdh, 9 fM, * 1 M zun, 2 fM; ab * insg. 3 x wdh. [42]
5. Rd: 9 fM, * 3 fM, 1 M zun; ab * insg. 3 x wdh, 9 fM, * 3 fM, 1 M zun; ab * insg. 3 x wdh. [48]
6. Rd: 9 fM, * 1 M zun, 4 fM; ab * insg. 3 x wdh, 9 fM, * 1 M zun, 4 fM; ab * insg. 3 x wdh. [54]
7. Rd: 9 fM, * 5 fM, 1 M zun; ab * insg. 3 x wdh, 9 fM, * 5 fM, 1 M zun; ab * insg. 3 x wdh. [60]
6 fM, um zur Seitenmitte zu gelangen. (Abb. 18) Den Flügel nicht ausstopfen. Den Flügel in der Mitte zusammenfalten. Die letzte M befindet sich dabei an der Seite. (Abb. 19)
Die nächste R durch beide Lagen häkeln und so den Flügel schließen. (Abb. 20)
Abschluss-R: 30 fM. [30] (Abb. 21)
Abketten und einen langen Faden zum Nähen lassen. Die Federreihe wird am linken und am rechten Flügel unterschiedlich gehäkelt.
Federn rechter Flügel: Mit Dunkelbraun in der 1. M der Abschluss-R neu anschlingen, * 2 Lm (Abb. 22) + 1 Stb in die nächste M, 1 Stb, 1 Stb + 2 Lm + 1 Km in die nächste M, 1 Km (Abb. 23); ab * insg. 3 x wdh, 2 Lm + 1 Stb in die nächste M, 1 Stb, 1 Stb + 2 Lm + 1 Km in die nächste M. [4 Federn] (Abb. 24)
Federn linker Flügel: Mit Dunkelbraun in der 19. M der Abschluss-R neu anschlingen, * 2 Lm (Abb. 25) + 1 Stb in die nächste M, 1 Stb, 1 Stb + 2 Lm + 1 Km in die nächste M, 1 Km; ab * insg. 3 x wdh, 2 Lm + 1 Stb in die nächste M, 1 Stb, 1 Stb + 2 Lm + 1 Km in die nächste M. [4 Federn]
Abketten und Garnenden vernähen. (Abb. 26)

SCHWANZ *(mit Dunkelbraun beginnen)*

7 Lm anschlagen. Entlang beider Seiten der Lm-Kette in Rd häkeln.
1. Rd: In die 2. Lm ab der Nd einstechen, 5 fM, 3 fM in die letzte Lm häkeln. Auf der Rückseite der Lm-Kette weiterarbeiten. 4 fM, 2 fM in die letzte M. [14]
2. Rd: * 6 fM, 1 M zun; ab * insg. 2 x wdh. [16]
3.–4. Rd: 16 fM häkeln. [16]
5. Rd: * 1 M abn, 6 fM; ab * insg. 2 x wdh. [14]
6. Rd: 14 fM häkeln. [14]
Mit Weiß weiterarbeiten.
7. Rd: 14 fM häkeln. [14]
Abketten und einen langen Faden zum Nähen lassen. Den Schwanz nicht ausstopfen.

FUSS *(2 x, in Senfgelb)*

1. Rd: 6 fM in einen Fadenring arbeiten. [6]
2. Rd: * 1 M zun, 1 fM; ab * insg. 3 x wdh. [9]
In der nächsten Rd arbeiten wir Lücken für die Beine.
3. Rd: 3 fM, 3 Lm, 3 M überspringen, 3 fM. [6 + 3 Lm]
4. Rd: 1 M zun, 2 fM, 1 M in der nächsten Lm zun, fM in die nächsten 2 Lm, 1 M zun, 2 fM. [12]
5. Rd: 12 fM häkeln. [12]
6. Rd: * 1 M zun, 3 fM; ab * insg. 3 x wdh. [15]
7. Rd: 15 fM häkeln. [15]
8. Rd: * 1 M zun, 4 fM; ab * insg. 3 x wdh. [18]
9. Rd: 18 fM häkeln. [18]
Den Fuß nicht ausstopfen, aber flach drücken. Die letzte M befindet sich dabei an der Seite.
Die nächste R durch beide Lagen häkeln und den Fuß schließen.
Abschluss-R: 9 fM, wenden. [9]
Krallen: 2 Lm, 1 Stb in die 1. M, 2 Km, 1 Km + 2 Lm + 1 Stb in die nächste M, 1 M überspringen, 2 Km, 1 Km + 2 Lm + 1 Stb in die nächste M, 1 Km. [3 Krallen]
Abketten und Garnende vernähen.

BEIN *(2 x, in Senfgelb)*

Mit Senfgelb in der Eck-M der Lücke in der 3. Rd des Fußes neu anschlingen.
1. Rd: 1 fM in die Eck-M, 3 fM, 1 fM in die Eck-M, 3 fM. [8]
2.–7. Rd: 8 fM häkeln. [8]
Abketten und einen langen Faden zum Nähen lassen. (Abb. 27)
Wenn du möchtest, kannst du das Bein leicht mit Füllwatte ausstopfen.

FERTIGSTELLUNG

***★ TIPP:** Positioniere alle Teile vor dem Festnähen mit Stecknadeln!*

- Die gerade Kante des oberen Schnabels mit den nach innen gewölbten Ecken zwischen der 11. Und 13. Rd mittig zwischen den Augen feststecken und dann annähen. (Abb. 28) Nur entlang der äußeren Lage nähen.
- Den unteren Schnabel unter dem oberen Schnabel feststecken. Dabei die letzten 8 M am oberen Schnabel ausrichten. (Abb. 29) Diese M festnähen und dann einige M am unteren Ende des Schnabels am Hals befestigen, damit er nicht verrutscht.
- Die Kopffedern oben am Kopf übereinander positionieren und feststecken. (Abb. 30) Mit ein paar Stichen auf beiden Seiten am Kopf befestigen.
- Die Flügel zwischen der 35. und 36. Rd am Körper feststecken. (Abb. 31) Nur die gerade Kante festnähen. Die Federn zeigen Richtung Körperrückseite.
- Den Schwanz zwischen der 14. und 15. Rd hinten am Körper festnähen.
- Den oberen Rand der Beine vorne von der 55.–56. Rd mit einem Abstand von 6 M unten an den Körper nähen. (Abb. 32) Die Füße so positionieren, dass der Pelikan gut sitzen kann. Die Krallen zeigen nach oben.

Toco, der Tukan, ist mit seinem langen, plumpen Schnabel nicht sehr zufrieden. Mit ihm erreicht man zwar sogar die saftigen Beeren im hintersten Geäst, aber mal ganz ehrlich: Man kann damit nicht besonders gut Verstecken spielen und sich auch nicht unauffällig ausruhen. Auf einem Zweig abhängen? Nicht, ohne dabei seinen Freunden mit dem Schnabel in die Quere zu kommen. Doch seit Kurzem ändern sich die Dinge. Der Schnabel ist vielleicht nicht sehr praktisch, aber er lässt Toco aus der Menge hervorstechen und das ist etwas, worauf er stolz sein kann.

Toco,
DER TUKAN

Amigurumi-Galerie: QR-Code scannen oder **www.amigurumi.com/4911** besuchen und Bilder teilen bzw. kreative Anregungen finden.

MATERIAL:
Baumwollgarn (LL 57,5 m/25 g) in
- Schwarz *(75 g)*
- Weiß
- Rot
- Rosa *(Rest)*
- Gelb
- Hellblau

Häkelnadel 2,5 mm
Sicherheitsaugen (15 mm)
Wollnadel
Stecknadeln
Maschenmarkierer
Füllwatte

SCHWIERIGKEITSGRAD: ★
GRÖSSE: ca. 14 cm hoch und 20 cm lang

GESICHTSFLECK *(in Weiß)*

16 Lm anschlagen. Entlang beider Seiten der Lm-Kette in Rd häkeln.
1. Rd: In die 2. Lm ab der Nd einstechen, 14 fM, 5 fM in die letzte Lm häkeln. Auf der Rückseite der Lm-Kette weiterarbeiten. 13 fM, 4 fM in die letzte M. [36]
2. Rd: * 15 fM, 3 x 1 M zun; ab * insg. 2 x wdh. [42]
3. Rd: 15 fM, * 1 M zun, 1 fM; ab * insg. 3 x wdh, 15 fM, * 1 M zun, 1 fM; ab * insg. 3 x wdh. [48]
4. Rd: 15 fM, * 2 fM, 1 M zun; ab * insg. 3 x wdh, 15 fM, * 2 fM, 1 M zun; ab * insg. 3 x wdh. [54]
5. Rd: 15 fM, * 1 M zun, 3 fM; ab * insg. 3 x wdh, 15 fM, * 1 M zun, 3 fM; ab * insg. 3 x wdh. [60]
6. Rd: 15 fM, * 4 fM, 1 M zun; ab * insg. 3 x wdh, 15 fM, * 4 fM, 1 M zun; ab * insg. 3 x wdh. [66]
7. Rd: 66 fM häkeln. [66]

Abketten und einen langen Faden zum Nähen lassen. Die Sicherheitsaugen zwischen der 3. und 4. Rd befestigen. (Abb. 1) Den Verschluss noch nicht anbringen.

KOPF UND KÖRPER *(in Schwarz)*

1. Rd: 6 fM in einen Fadenring arbeiten. [6]
2. Rd: 6 x 1 M zun. [12]
3. Rd: * 1 M zun, 1 fM; ab * insg. 6 x wdh. [18]
4. Rd: * 1 M zun, 2 fM; ab * insg. 6 x wdh. [24]
5. Rd: * 1 M zun, 3 fM; ab * insg. 6 x wdh. [30]
6. Rd: * 1 M zun, 4 fM; ab * insg. 6 x wdh. [36]
7. Rd: * 1 M zun, 5 fM; ab * insg. 6 x wdh. [42]
8. Rd: * 1 M zun, 6 fM; ab * insg. 6 x wdh. [48]
9.–14. Rd: 48 fM häkeln. [48]
In der nächsten Rd häkeln wir das „Rückgrat" des Tukans.
15. Rd: 10 Lm (Abb. 2), in die 2. Lm ab der Nd einstechen, 9 fM (Abb. 3), in den M der 14. Rd weiterhäkeln und 48 fM arbeiten, auf der anderen Seite der Lm-Kette weiterarbeiten (Abb. 4), 9 fM. [66] (Abb. 5)

Die letzte M mit einem MM markieren. Das ist der neue Rd-Anfang.

16. Rd: 3 fM in die nächste M, 64 fM, 3 fM. [70]
17. Rd: 1 fM, 1 M zun, 66 fM, 1 M zun, 1 fM. [72]
18.–32. Rd: 72 fM häkeln. [72]
Den Gesichtsfleck zusammenfalten, um die Mitte zu finden (Abb. 6) und zwischen der 11. und 26. Rd am Kopf positionieren.
Die Sicherheitsaugen durch den Kopf stecken und die Verschlüsse befestigen. (Abb. 7) Den Gesichtsfleck mit dem weißen Garnende am Kopf festnähen.
33. Rd: * 5 fM, 1 M abn, 5 fM; ab * insg. 6 x wdh. [66]
34. Rd: * 9 fM, 1 M abn; ab * insg. 6 x wdh. [60]
35. Rd: * 4 fM, 1 M abn, 4 fM; ab * insg. 6 x wdh. [54]
36. Rd: * 7 fM, 1 M abn; ab * insg. 6 x wdh. [48]
37. Rd: * 3 fM, 1 M abn, 3 fM; ab * insg. 6 x wdh. [42]
38. Rd: * 5 fM, 1 M abn; ab * insg. 6 x wdh. [36]
Kopf und Körper gut mit Füllwatte ausstopfen und beim Häkeln nach und nach weiter ausstopfen.
39. Rd: 2 fM, 1 M abn, 2 fM; ab * insg. 6 x wdh. [30]
40. Rd: *3 fM, 1 M abn; ab * insg. 6 x wdh. [24]
41. Rd: 1 fM, 1 M abn, 1 fM, ab * insg. 6 x wdh. [18]
42. Rd: * 1 fM, 1 M abn; ab * insg. 6 x wdh. [12]
43. Rd: 6 x 1 M abn. [6]
Abketten und einen Faden zum Nähen lassen. Mit der Wollnadel das Fadenende durch die vorderen M-Glieder der letzten 6 M führen. Fest anziehen und den Körper schließen.
Die Garnenden vernähen.

SCHNABEL *(mit Rot beginnen)*

1. Rd: 6 fM in einen Fadenring arbeiten. [6]
2. Rd: 6 x 1 M zun. [12]
3. Rd: * 1 M zun, 1 fM; ab * insg. 6 x wdh. [18]
4. Rd: * 1 M zun, 2 fM; ab * insg. 6 x wdh. [24]
5. Rd: * 1 M zun, 3 fM; ab * insg. 6 x wdh. [30]
6. Rd: * 1 M abn, 1 fM; ab * insg. 3 x wdh, * 1 M zun, 6 fM; ab * insg. 3 x wdh. [30]
7. Rd: 3 x 1 M abn, * 1 M zun, 7 fM; ab * insg. 3 x wdh. [30]
8.–9. Rd: 30 fM häkeln. [30]
Mit Rosa weiterarbeiten.
10.–13. Rd: 30 fM häkeln. [30]
Mit Gelb weiterarbeiten.
14.–21. Rd: 30 fM häkeln. [30]
Abketten und einen langen Faden zum Nähen lassen. (Abb. 8)
Den Schnabel gut mit Füllwatte ausstopfen.

WANGE *(2 x, in Hellblau)*

1. Rd: 6 fM in einen Fadenring arbeiten. [6]
2. Rd: 6 x 1 M zun. [12]
3. Rd: * 1 M zun, 1 fM; ab * insg. 6 x wdh. [18]
Abketten und einen langen Faden zum Nähen lassen.

FLÜGEL *(2 x, in Schwarz)*

1. Rd: 6 fM in einen Fadenring arbeiten. [6]
2. Rd: 6 x 1 M zun. [12]
3. Rd: * 1 M zun, 1 fM; ab * insg. 6 x wdh. [18]
4.–5. Rd: 18 fM häkeln. [18]
6. Rd: * 1 M abn, 7 fM; ab * insg. 2 x wdh. [16]
Abketten und einen langen Faden zum Nähen lassen.
Den Flügel nicht ausstopfen, aber flach drücken.

LANGE SCHWANZFEDER *(in Schwarz)*

1. Rd: 6 fM in einen Fadenring arbeiten. [6]
2. Rd: 6 x 1 M zun. [12]
3.–5. Rd: 12 fM häkeln. [12]
6. Rd: * 1 M abn, 4 fM; ab * insg. 2 x wdh. [10]
7. Rd: * 1 M abn, 3 fM; ab * insg. 2 x wdh. [8]
8. Rd: * 1 M abn, 2 fM; ab * insg. 2 x wdh. [6]
Abketten und einen langen Faden zum Nähen lassen. Die lange Schwanzfeder nicht ausstopfen, aber flach drücken.

KURZE SCHWANZFEDER *(2 x, in Schwarz)*

1. Rd: 5 fM in einen Fadenring arbeiten. [5]
2. Rd: 5 x 1 M zun. [10]
3.–4. Rd: 10 fM häkeln. [10]
5. Rd: * 1 M abn, 3 fM; ab * insg. 2 x wdh. [8]
6. Rd: * 1 M abn, 2 fM; ab * insg. 2 x wdh. [6]
Abketten und einen langen Faden zum Nähen lassen. Die kurze Schwanzfeder nicht ausstopfen, aber flach drücken.

BEIN *(2 x, in Hellblau)*

Einen langen Anfangsfaden lassen.
1. Rd: 8 fM in einen Fadenring arbeiten. [8]
Den Anfangsfaden an die Außenseite der Arbeit führen. Wir benutzen ihn später, um das Bein am Körper festzunähen.
2.–8. Rd: 8 fM häkeln. [8]
Abketten und einen langen Faden zum Nähen lassen. Das Bein leicht mit Füllwatte ausstopfen.

FUSS *(2 x)*

Wir beginnen mit 3 Krallen für jeden Fuß, die wir später miteinander verbinden.

MITTLERE KRALLE *(2 x, eine für jeden Fuß, in Hellblau)*

1. Rd: 6 fM in einen Fadenring arbeiten. [6]
2.–5. Rd: 6 fM häkeln. [6]
Abketten und Garnende vernähen. Die Krallen nicht ausstopfen.

9

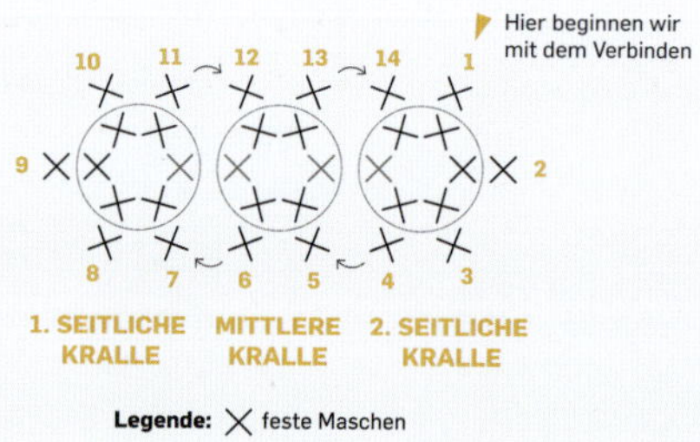

10

11

12

13

14

15

16

17

18

19

20

21

SEITLICHE KRALLE *(4 x, zwei für jeden Fuß, in Hellblau)*

1. Rd: 6 fM in einen Fadenring arbeiten. [6]
2.–4. Rd: 6 fM häkeln. [6]
Die 1. seitliche Kralle abketten und das Garnende vernähen. Die 2. seitliche Kralle nicht abketten und die Krallen nicht ausstopfen. In der nächsten Rd verbinden wir die Krallen miteinander. (Abb. 9)

DIE KRALLEN MITEINANDER VERBINDEN

(in Hellblau) (Abb. 10)

1. Rd: 4 fM entlang der 2. seitlichen Kralle, 2 fM entlang der mittleren Kralle (Abb. 11), 5 fM entlang der 1. seitlichen Kralle (Abb. 12–13), die letzte M dieser Kralle überspringen, die nächste M der mittleren Kralle überspringen, 2 fM entlang der mittleren Kralle (Abb. 14), die letzte M dieser Kralle überspringen, die nächste M der 2. seitlichen Kralle überspringen, 1 fM in die 2. seitliche Kralle. (Abb. 15) [14] (Abb. 16)
*★ **ANMERKUNG:** Zwischen den Krallen entstehen kleine Lücken, doch da die Krallen nicht ausgestopft werden, sind sie unsichtbar.*
2. Rd: * 1 M abn, 5 fM; ab * insg. 2 x wdh. [12]
3. Rd: 6 x 1 M abn. [6]
4. Rd: 6 fM. [6] (Abb. 17)
Abketten und einen Faden zum Nähen lassen. Den Fuß nicht ausstopfen.
Mit der Wollnadel das Fadenende durch die vorderen M-Glieder der letzten 6 M führen. Fest anziehen und den Fuß schließen. Die Garnenden vernähen.

FERTIGSTELLUNG

- Den Schnabel mittig zwischen den Augen an den Kopf nähen. Dabei in der oberen Mitte des Gesichtsflecks beginnen. (Abb. 18)
- Die Wangen, überlappend mit dem Gesichtsfleck, am Kopf festnähen.
- Die Flügel seitlich am Körper, zwischen der 22. und 28. Rd befestigen. Sie werden leicht schräg positioniert.
- Die 3 Schwanzfedern in den Rd 16–17 hinten am Körper festnähen. Die lange Schwanzfeder befindet sich in der Mitte. (Abb. 19)
- Das Bein am Fuß festnähen. (Abb. 20) Den oberen Rand der Beine vorne zwischen der 37. und 38. Rd im Abstand von 5 M unten an den Körper nähen. (Abb. 21) Die Füße so positionieren, dass der Tukan gut sitzen kann. Die Krallen zeigen nach oben.

Floriana,
DIE HENNE (UND DAS KLEINE KÜKEN)

Floriana zeigt ihrem kleinen Küken die Wunder ihrer Welt. Die beiden sehen vielleicht wie gefiederte Flauschkugeln aus, doch sie sind auch intelligent, können Namen lernen und sich sogar Menschengesichter merken! **Sie haben einen scharfen Blick und erkennen leckere Käfer schon von Weitem. Ihr Geruchssinn ist ebenfalls exzellent und eignet sich perfekt, um die saftigsten Würmer aufzuspüren.** Auch Floriana und ihr Küken haben ihre Eigenheiten – so nehmen sie zum Beispiel gerne ein Staubbad – doch ein Huhn zu sein, ist eine ziemlich coole Sache.

Amigurumi-Galerie: QR-Code scannen oder **www.amigurumi.com/4912** besuchen und Bilder teilen bzw. kreative Anregungen finden.

MATERIAL:
Baumwollgarn (LL 57,5 m/25 g) in
- Beige
- Hellbraun *(50 g)*
- Dunkelbraun
- Gelb
- Rot

Häkelnadel 2,5 mm
2 Paar Sicherheitsaugen (12 mm für die Henne und 6 mm für das Küken)
Wollnadel
Stecknadeln
Maschenmarkierer
Füllwatte

SCHWIERIGKEITSGRAD: ★★
GRÖSSE: ca. 16 cm (Henne) / 6,5 cm (Küken) groß

HENNE

KOPF UND KÖRPER (mit Beige beginnen)

1. Rd: 6 fM in einen Fadenring arbeiten. [6]
2. Rd: 6 x 1 M zun. [12]
3. Rd: * 1 M zun, 1 fM; ab * insg. 6 x wdh. [18]
4. Rd: * 1 M zun, 2 fM; ab * insg. 6 x wdh. [24]
5. Rd: * 1 M zun, 3 fM; ab * insg. 6 x wdh. [30]
6. Rd: * 1 M zun, 4 fM; ab * insg. 6 x wdh. [36]
7. Rd: * 1 M zun, 11 fM; ab * insg. 3 x wdh. [39]
8. Rd: * 6 fM, 1 M zun, 6 fM; ab * insg. 3 x wdh. [42]
9. Rd: 42 fM häkeln. [42]
10. Rd: 1 M zun, 13 fM; ab * insg. 3 x wdh. [45]
11. Rd: 45 fM häkeln. [45]
12. Rd: * 7 fM, 1 M zun, 7 fM; ab * insg. 3 x wdh. [48]
13.–15. Rd: 48 fM häkeln. [48]

Mit Hellbraun weiterarbeiten. Das beige Garn an der Außenseite der Arbeit hängen lassen. Wir verwenden es später zum Häkeln der Nackenfedern.
In der nächsten Rd arbeiten wir das „Rückgrat" der Henne.
16. Rd: 10 Lm (Abb. 1), in die 2. Lm ab der Nd einstechen, 9 fM, in den M der 15. Rd weiterhäkeln (Abb. 2) und 48 fM ihM arbeiten, auf der anderen Seite der Lm-Kette weiterarbeiten (Abb. 3), 9 fM. [66] (Abb. 4)
Die letzte M mit einem MM markieren. Das ist der neue Rd-Anfang.
17. Rd: 3 fM in die nächste M, 64 fM, 3 fM in die nächste M. [70]
18. Rd: 1 fM, 1 M zun, 66 fM, 1 M zun, 1 fM. [72] (Abb. 5)
19.–31. Rd: 72 fM häkeln. [72]
Die Sicherheitsaugen vorne zwischen der 13. und 14. Rd mit einem Abstand von 14 M einsetzen. (Abb. 6)
32. Rd: 18 fM, * 1 M abn, 5 fM; ab * insg. 6 x wdh, 12 fM. [66]
33. Rd: 18 fM, * 2 fM, 1 M abn, 2 fM; ab * insg. 6 x wdh, 12 fM. [60]
34. Rd: * 4 fM, 1 M abn, 4 fM; ab * insg. 6 x wdh. [54]
35. Rd: * 7 fM, 1 M abn; ab * insg. 6 x wdh. [48]
36. Rd: * 3 fM, 1 M abn, 3 fM; ab * insg. 6 x wdh. [42]
37. Rd: * 5 fM, 1 M abn; ab * insg. 6 x wdh. [36]
Kopf und Körper gut mit Füllwatte ausstopfen und beim Häkeln nach und nach weiter ausstopfen.
38. Rd: * 2 fM, 1 M abn, 2 fM; ab * insg. 6 x wdh. [30]
39. Rd: * 3 fM, 1 M abn; ab * insg. 6 x wdh. [24]
40. Rd: * 1 fM, 1 M abn, 1 fM; ab * insg. 6 x wdh. [18]
41. Rd: * 1 fM, 1 M abn; ab * insg. 6 x wdh. [12]
42. Rd: 6 x 1 M abn. [6]
Abketten und einen Faden zum Nähen lassen. Mit der Wollnadel das Fadenende durch die vorderen M-Glieder der letzten 6 M führen. Fest anziehen und den Körper schließen. Die Garnenden vernähen.

NACKENFEDERN (in Beige)

Mit beigem Garn im 1. unbearbeiteten vorderen M-Glied der 16. Rd neu anschlingen. (Abb. 7) Der Kopf zeigt beim Häkeln zu dir.

1. Rd: * 1 M zun, 7 fM, dabei ivM; ab * insg. 6 x wdh. [54]
2. Rd: 54 fM. [54] (Abb. 8)
3. Rd: 4 Km, * 1 Km + 2 Lm (Abb. 9) + 3 Stb in die nächste M (Abb. 10), 2 M überspringen (Abb. 11); ab * insg. 2 x wdh, * 1 Km + 3 Lm + 3 DStb in die nächste M, 3 M überspringen; ab * insg. 8 x wdh, * 1 Km + 2 Lm + 3 Stb in die nächste M, 2 M überspringen; ab * insg. 2 x wdh, 6 Km. [12 Bögen] (Abb. 12)
Abketten und Garnenden vernähen.

SCHNABEL (in Gelb)

1. Rd: 6 fM in einen Fadenring arbeiten. [6]
2. Rd: 1 M zun, 5 fM. [7]
3. Rd: 3 fM, 1 M zun, 3 fM. [8]
4. Rd: 8 fM häkeln. [8]
Abketten und einen langen Faden zum Nähen lassen. Den Schnabel leicht mit Füllwatte ausstopfen.

KEHLLAPPEN (2 x, in Rot)

1. Rd: 8 fM in einen Fadenring arbeiten. [8]
2. Rd: 8 fM häkeln. [8]
3. Rd: 1 M abn, 6 fM. [7]
4. Rd: 1 M abn, 5 fM. [6]
Abketten und einen langen Faden zum Nähen lassen. Den Kehllappen leicht mit Füllwatte ausstopfen.

KAMM

Wir häkeln zuerst 3 Zacken, die wir später zu einem Kamm verbinden.

ZACKE (3 x, in Rot)

1. Rd: 6 fM in einen Fadenring arbeiten. [6]
2. Rd: 6 x 1 M zun. [12]
3. Rd: 12 fM häkeln. [12]
Die Zacke nicht ausstopfen. Abketten und Garnenden der 1. und 2. Zacke vernähen.
Die 3. Zacke nicht abketten. (Abb. 13)

DEN KAMM FERTIGSTELLEN

4. Rd: 6 fM entlang der 3. Zacke, 6 fM entlang der 2. Zacke (Abb. 14–15), fM in die 12 M der 1. Zacke (Abb. 16), 6 fM entlang der 2. Zacke (Abb. 17), 6 fM entlang der 3. Zacke. (Abb. 18) [36]
5. Rd: * 5 fM, 1 M abn, 5 fM; ab * insg. 3 x wdh. [33]
6. Rd: * 1 M abn, 9 fM; ab * insg. 3 x wdh. [30]
Den Kamm nicht ausstopfen, aber flach drücken. Die letzte M befindet sich dabei an der Seite. Die nächste R durch beide Lagen häkeln und den Kamm schließen. (Abb. 19)
Abschluss-R: 15 fM häkeln. [15]
Abketten und einen langen Faden zum Nähen lassen. (Abb. 20)

FLÜGEL (2 x, mit Hellbraun beginnen)

1. Rd: 8 fM in einen Fadenring arbeiten. [8]
2. Rd: 3 fM, jeweils 3 fM in die nächsten 2 M, 3 fM. [12]
3. Rd: 5 fM, jeweils 3 fM in die nächsten 2 M, 5 fM. [16]
4. Rd: 7 fM, jeweils 3 fM in die nächsten 2 M, 7 fM. [20]
5. Rd: 9 fM, 2 x 1 M zun, 9 fM. [22]
6. Rd: 22 fM häkeln. [22]

1
2
3
4
5
6
7
8
9
10
11
12
13
14
15
16

1 fM häkeln, um zur Seitenkante zu gelangen. (Abb. 21)
Den Flügel nicht ausstopfen. Den Flügel in der Mitte zusammenfalten. Die letzte M befindet sich dabei an der Seite. Die nächsten R werden am linken und am rechten Flügel unterschiedlich gehäkelt.

LINKER FLÜGEL

Mit Beige weiterarbeiten. (Abb. 22) Die nächste R durch beide Lagen häkeln und den Flügel schließen.
1. R: 11 fM, wenden. [11]
2. R: 1 Lm, 1 M zun, 10 fM, wenden. [12]
3. R: 2 Lm, 2 hStb in die 1. M, 1 M überspringen, * 1 Km + 3 Lm + 2 Stb in die nächste M, 2 M überspringen; ab * insg. 3 x wdh, 1 Km. [4 Federn]
Abketten und Garnenden vernähen. (Abb. 23)

RECHTER FLÜGEL

Das hellbraune Garn abketten und mit Beige an der Spitze der geschwungenen Kante neu anschlingen. (Abb. 24) Die nächste R durch beide Lagen häkeln und den Flügel schließen.
1. R: 11 fM, wenden. [11]
2. R: 1 Lm, 10 fM, 1 M zun, wenden. [12]
3. R: 3 Lm, 2 Stb in die 1. M, 2 M überspringen, * 1 Km + 3 Lm + 2 Stb in die nächste M, 2 M überspringen; ab * insg. 2 x wdh, 1 Km + 2 Lm + 2 hStb in die nächste M, 1 M überspringen, 1 Km. [4 Federn]
Abketten und Garnenden vernähen.

SCHWANZ *(mit Hellbraun beginnen)*

Einen langen Anfangsfaden lassen. 15 Lm anschlagen und den Ring mit einer Km in die 1. Lm schließen.
1. Rd: 15 fM häkeln. [15]
2. Rd: 15 fM häkeln. [15]
3. Rd: * 1 M zun, 4 fM; ab * insg. 3 x wdh. [18]
Mit Beige weiterarbeiten.
Den Schwanz flach drücken. Die letzte M befindet sich dabei an der Seite. Die nächste R durch beide Lagen häkeln und so den Schwanz schließen. (Abb. 25)
Abschluss-R: 9 fM (Abb. 26), 1 Lm, wenden. [9]
Federn: 2 Lm + 2 Stb in die 1. M, 1 M überspringen, * 1 Km + 2 Lm + 2 Stb in die nächste M, 2 M überspringen; ab * insg. 2 x wdh, 1 Km. [3 Bögen] (Abb. 27)
Abketten und Garnenden vernähen. Den Schwanz leicht mit Füllwatte ausstopfen

FUSS *(2 x)*

Wir beginnen mit 3 Krallen für jeden Fuß, die wir später miteinander verbinden.

MITTLERE KRALLE *(2 x, eine für jeden Fuß in Dunkelbraun)*

1. Rd: 6 fM in einen Fadenring arbeiten. [6]
2.–5. Rd: 6 fM häkeln. [6]
Abketten und Garnende vernähen. Die Krallen nicht ausstopfen.

SEITLICHE KRALLE *(4 x, zwei für jeden Fuß, in Dunkelbraun)*

1. Rd: 6 fM in einen Fadenring arbeiten. [6]
2.–4. Rd: 6 fM häkeln. [6]
Die 1. seitliche Kralle abketten und das Garnende vernähen. Die 2. seitliche Kralle nicht abketten und die Krallen nicht ausstopfen. In der nächsten Rd verbinden wir die Krallen miteinander.

DIE KRALLEN MITEINANDER VERBINDEN

(in Dunkelbraun) (Abb. 29)
1. Rd: 4 fM entlang der 2. seitlichen Kralle, 2 fM entlang der mittleren Kralle, 5 fM entlang der 1. seitlichen Kralle, die letzte M dieser Kralle überspringen, die 1. M der mittleren Kralle überspringen, 2 fM entlang der mittleren Kralle, die letzte M dieser Kralle überspringen, die nächste M der 2. seitlichen Kralle überspringen, 1 fM in die nächste M der 2. seitlichen Kralle. [14]
*★ **ANMERKUNG:** Zwischen den Krallen entstehen kleine Lücken, doch da die Krallen nicht ausgestopft werden, sind sie unsichtbar.*
2. Rd: * 1 M abn, 5 fM; ab * insg. 2 x wdh. [12]
In der nächsten Rd arbeiten wir Lücken für die Beine.
3. Rd: 2 fM, 3 Lm, die nächsten 3 M überspringen, 7 fM. [9 + 3 Lm]
4. Rd: 1 M abn, fM in die nächsten 3 Lm, 1 fM, 1 M abn, 4 fM. [10]

17

18

19

20

21

22

23

24

25

26

27

28

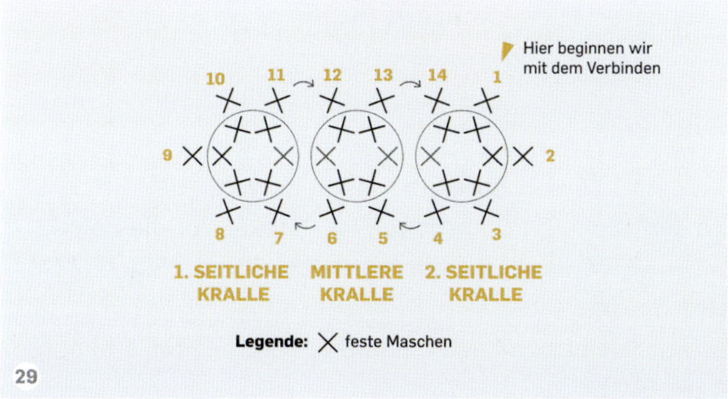

29

30

31

5. Rd: 5 x 1 M abn. [5]
Abketten und einen Faden zum Nähen lassen. Den Fuß nicht ausstopfen. Mit der Wollnadel das Fadenende durch die vorderen M-Glieder der letzten 5 M führen. Fest anziehen und den Fuß schließen.
Die Garnenden vernähen.

BEIN *(2 x, in Dunkelbraun)*

Mit dunkelbraunem Garn in der Eck-M der Lücke in der 3. Rd des Fußes neu anschlingen.
1. Rd: 1 fM in die Eck-M, 3 fM, 1 fM in die Eck-M, 3 fM. [8]
2.–7. Rd: 8 fM häkeln. [8]
Abketten und einen langen Faden zum Nähen lassen. (Abb. 28)
Wenn du möchtest, kannst du das Bein leicht mit Füllwatte ausstopfen.

FERTIGSTELLUNG

***✶ TIPP:** Positioniere alle Teile vor dem Festnähen mit Stecknadeln! (Abb. 30)*

- Den Schnabel zwischen der 12. und 13. Rd mittig zwischen den Augen festnähen.
- Den Kamm oben am Kopf zwischen der 4. (vorne) und der 8. Rd (hinten) festnähen. Er sitzt auf dem Fadenring.
- Den Kehllappen unterhalb des Schnabels festnähen.
- Die Flügel am Körper feststecken. In der 21. Rd beginnen. Nur die gerade Kante am Körper festnähen. Den restlichen Flügel unbefestigt lassen. Die etwas größeren Federn zeigen zur Körperrückseite.
- Den Schwanz zwischen der 16. und 18. Rd hinten am Körper festnähen.
- Den oberen Rand der Beine vorne von der 35.–36. Rd mit einem Abstand von 5 M unten an den Körper nähen. (Abb. 31) Die Füße so positionieren, dass die Henne gut sitzen kann. Die Krallen zeigen nach oben.

KÜKEN

KOPF UND KÖRPER *(in Gelb)*

1. Rd: 6 fM in einen Fadenring arbeiten. [6]
2. Rd: 6 x 1 M zun. [12]
3. Rd: * 1 M zun, 1 fM; ab * insg. 6 x wdh. [18]
4.–6. Rd: 18 fM häkeln. [18]
In der nächsten Rd häkeln wir das „Rückgrat“ des Kükens.
7. Rd: 6 Lm (Abb. 32), in die 2. Lm ab der Nd einstechen, 5 fM, in den M der 6. Rd weiterhäkeln und 18 fM arbeiten, auf der anderen Seite der Lm-Kette weiterarbeiten, 5 fM. [28] (Abb. 33)

Die letzte M mit einem MM markieren. Das ist der neue Rd-Anfang.

8. Rd: 1 M zun, 26 fM, 1 M zun. [30]

9.–10. Rd: 30 fM häkeln. [30]

Die Sicherheitsaugen zwischen der 6. und 7. Rd mit einem Abstand von 6 M einsetzen. (Abb. 34) Aber die Verschlüsse noch nicht anbringen (die Augen erst nach dem Häkeln der Flügel endgültig befestigen, um sicherzustellen, dass sie an der richtigen Stelle sitzen).

In der nächsten Rd formen wir die Flügel.

11. Rd: 5 fM, 2 M überspringen, 7 Stb in das vordere M-Glied der nächsten M (Abb. 35–36), 2 M überspringen (Abb. 37), 12 fM, 2 M überspringen, 7 Stb in das vordere M-Glied der nächsten M, 2 M überspringen, 3 fM. [34 – inklusive Flügel] (Abb. 38)

12. Rd: 5 fM, fM in die nächsten 2 übersprungenen M unter dem Flügel (Abb. 39), 1 fM in das nächste unbearbeitete hintere M-Glied, fM in die nächsten 2 übersprungenen M (Abb. 40), 12 fM, fM in die nächsten 2 übersprungenen M unter dem Flügel, 1 fM in das nächste unbearbeitete hintere M-Glied, fM in die nächsten 2 übersprungenen M, 3 fM. [30] (Abb. 41–42)

13.–15. Rd: 30 fM häkeln. [30]

Die Position der Sicherheitsaugen überprüfen und die Verschlüsse befestigen.

16. Rd: * 3 fM, 1 M abn; ab * insg. 6 x wdh. [24]

17. Rd: * 1 fM, 1 M abn, 1 fM; ab * insg. 6 x wdh. [18]

Kopf und Körper gut mit Füllwatte ausstopfen und beim Häkeln nach und nach weiter ausstopfen.

18. Rd: * 1 fM, 1 M abn; ab * insg. 6 x wdh. [12]

19. Rd: 6 x 1 M abn. [6]

Abketten und einen Faden zum Nähen lassen. Mit der Wollnadel das Fadenende durch die vorderen M-Glieder der letzten 6 M führen. Fest anziehen und den Körper schließen.

Das Garnende vernähen. (Abb. 43)

SCHNABEL *(in Beige)*

3 Lm anschlagen. In R arbeiten.

1. R: In die 2. Lm ab der Nd einstechen, 1 fM, 1 hStb. [2]

Abketten und einen langen Faden zum Nähen lassen.

FUSS *(2 x, in Hellbraun)*

5 Lm anschlagen. In R arbeiten.

1. R: In die 2. Lm ab der Nd einstechen, 1 Km (Abb. 44), * 2 Lm (Abb. 45), in die 2. Lm ab der Nd einstechen, 1 Km; ab * insg. 2 x wdh (Abb. 46), in den Anfangs-Lm weiterarbeiten, Km in die nächsten 3 Lm. [3 Km für das Bein + 3 Krallen] Abketten und einen langen Faden zum Nähen lassen. (Abb. 47)

FERTIGSTELLUNG

- Den Schnabel zwischen der 6. und 7. Rd mittig zwischen den Augen festnähen. (Abb. 48)
- Die Füße an der Unterseite des Körpers befestigen. (Abb. 49) Die Füße so positionieren, dass das Küken gut sitzen kann. Die Krallen zeigen nach vorne.

44

45

46

47

48

49

Emerald,

DER QUETZAL

Sein kompletter Name lautet: Emerald, der prächtige Quetzal – und das aus gutem Grund! **Seine smaragdgrünen Federn schimmern wie Edelsteine und sein langer, fließender Schwanz wippt graziös hinter ihm her.** Wenn man Glück hat, bekommt man ihn in den Wäldern Zentralamerikas zu Gesicht, aber hoffe nicht auf ein Selfie. So lange bleibt er nur selten an einem Fleck. Emerald ist ein bisschen schüchtern und hält sich lieber in der ruhigen Abgeschiedenheit der Bäume auf. Glücklicherweise bietet sein grünes Gefieder die perfekte Tarnung und erlaubt ihm, im Blattwerk zu verschwinden, sooft er etwas Zeit für sich braucht.

Amigurumi-Galerie: QR-Code scannen oder **www.amigurumi.com/4913** besuchen und Bilder teilen bzw. kreative Anregungen finden.

MATERIAL:

Baumwollgarn (LL 57,5 m/25 g) in

- Grün *(50 g)*
- Dunkelgrün
- Rot
- Gelb *(Rest)*
- Hellgelb
- Weiß

Optional: Mohairgarn (LL 200 m/25 g) in

- Grün

Häkelnadel 2,5 mm
Sicherheitsaugen (12 mm)
Wollnadel
Stecknadeln
Maschenmarkierer
Füllwatte
Drahtbürste (optional)

SCHWIERIGKEITSGRAD: ★★
GRÖSSE: ca. 10 cm hoch

***★ ANMERKUNG:** Für den Quetzal in diesem Buch habe ich einen Teil der Anleitung gleichzeitig mit einem Baumwollgarn und einem dünnen Mohairgarn gehäkelt, um einen schön flauschigen Look zu erzielen. Wenn du lieber nur mit Baumwollgarn häkeln möchtest, kannst du die Angaben für das Mohairgarn einfach ignorieren.*

KOPF UND KÖRPER *(mit Grün beginnen + Mohairgarn in Grün)*

1. Rd: 6 fM in einen Fadenring arbeiten. [6]
2. Rd: 6 x 1 M zun. [12]
3. Rd: * 1 M zun, 1 fM; ab * insg. 6 x wdh. [18]
4. Rd: * 1 M zun, 2 fM; ab * insg. 6 x wdh. [24]
5. Rd: * 1 M zun, 3 fM; ab * insg. 6 x wdh. [30]
6. Rd: * 1 M zun, 4 fM; ab * insg. 6 x wdh. [36]
7. Rd: * 1 M zun, 5 fM; ab * insg. 6 x wdh. [42]
8. Rd: * 1 M zun, 6 fM; ab * insg. 6 x wdh. [48]
9.–16. Rd: 48 fM häkeln. [48]
In der nächsten Rd häkeln wir das „Rückgrat" des Quetzals.
17. Rd: 10 Lm (Abb. 1), in die 2. Lm ab der Nd einstechen, 9 fM, in den M der 16. Rd weiterhäkeln (Abb. 2) und 48 fM arbeiten, auf der anderen Seite der Lm-Kette weiterarbeiten (Abb. 3), 9 fM. [66] (Abb. 4)
Die letzte M mit einem MM markieren. Das ist der neue Rd-Anfang.
18. Rd: 3 fM in die nächste M, 64 fM, 3 fM in die nächste M. [70]
19. Rd: 1 fM, 1 M zun, 66 fM, 1 M zun, 1 fM. [72] (Abb. 5)
20.–27. Rd: 72 fM häkeln. [72]
***★ OPTIONAL:** Für einen flauschigeren Look, den Kopf vorsichtig mit einer Drahtbürste bearbeiten. (Abb. 6)*
***★ TIPP:** Wenn du den Körper nach dem Einsetzen der Sicherheitsaugen bürstest, klebe diese mit einem Stück Washi-Tape ab, damit sie nicht zerkratzt werden.*
Die Sicherheitsaugen zwischen der 15. und 16. Rd mit einem Abstand von 14 M einsetzen. (Abb. 7)
Mit Rot weiterarbeiten.
28.–35. Rd: 72 fM häkeln. [72]
36. Rd: * 5 fM, 1 M abn, 5 fM; ab * insg. 6 x wdh. [66]
37. Rd: * 9 fM, 1 M abn; ab * insg. 6 x wdh. [60]
38. Rd: * 4 fM, 1 M abn, 4 fM; ab * insg. 6 x wdh. [54]
39. Rd: * 7 fM, 1 M abn; ab * insg. 6 x wdh. [48]
40. Rd: * 3 fM, 1 M abn, 3 fM; ab * insg. 6 x wdh. [42]
41. Rd: * 5 fM, 1 M abn; ab * insg. 6 x wdh. [36]
Kopf und Körper gut mit Füllwatte ausstopfen und beim Häkeln nach und nach weiter ausstopfen.
42. Rd: * 2 fM, 1 M abn, 2 fM; ab * insg. 6 x wdh. [30]
43. Rd: * 3 fM, 1 M abn; ab * insg. 6 x wdh. [24]
44. Rd: * 1 fM, 1 M abn, 1 fM; ab * insg. 6 x wdh. [18]
45. Rd: * 1 fM, 1 M abn; ab * insg. 6 x wdh. [12]
46. Rd: 6 x 1 M abn. [6]

Abketten und einen Faden zum Nähen lassen. Mit der Wollnadel das Fadenende durch die vorderen M-Glieder der letzten 6 M führen. Fest anziehen und den Körper schließen.
Die Garnenden vernähen.

KOPFFEDERN *(in Grün + Mohairgarn in Grün)*

★ ***TIPP:*** *Für ein saubereres Ergebnis, alle fM in der hinteren Querrippe der Lm häkeln.*

5 Lm anschlagen. In R arbeiten.
1. R: In die 2. Lm ab der Nd einstechen, 4 fM, * 6 Lm (Abb. 8), in die 2. Lm ab der Nd einstechen, 5 fM (Abb. 9–10); ab * insg. 3 x wdh, 5 Lm, in die 2. Lm ab der Nd einstechen, 4 fM. [5 Federn, die unten miteinander verbunden sind]
Abketten und einen langen Faden zum Nähen lassen. (Abb. 11)
Für einen flauschigeren Look, die Kopffedern vorsichtig mit einer Drahtbürste bearbeiten. (Abb. 12)

SCHNABEL *(in Gelb)*

1. Rd: 6 fM in einen Fadenring arbeiten. [6]
2. Rd: * 1 M zun, 2 fM; ab * insg. 2 x wdh. [8]
3. Rd: * 1 M zun, 3 fM; ab * insg. 2 x wdh. [10]
4. Rd: 10 fM häkeln. [10]
Abketten und einen langen Faden zum Nähen lassen.
Den Schnabel leicht mit Füllwatte ausstopfen.

WANGE *(2 x, in Dunkelgrün)*

1. Rd: 5 fM in einen Fadenring arbeiten. [5]
2. Rd: 5 x 1 M zun. [10]
3. Rd: * 1 M zun, 1 fM; ab * insg. 5 x wdh. [15]
Abketten und einen langen Faden zum Nähen lassen.

FLÜGEL *(2 x, in Grün)*

1. Rd: 6 fM in einen Fadenring arbeiten. [6]
2. Rd: 6 x 1 M zun. [12]
3. Rd: * 1 fM, 1 M zun; ab * insg. 6 x wdh. [18]
4. Rd: * 1 fM, 1 M zun, 1 fM; ab * insg. 6 x wdh. [24]
5. Rd: * 3 fM, 1 M zun; ab * insg. 6 x wdh. [30]
6. Rd: * 2 fM, 1 M zun, 2 fM; ab * insg. 6 x wdh. [36]
7. Rd: * 5 fM, 1 M zun; ab * insg. 6 x wdh. [42]
8. Rd: * 3 fM, 1 M zun, 3 fM; ab * insg. 6 x wdh. [48] (Abb. 13)
Den Flügel in der Mitte zusammenfalten. Die letzte M befindet sich dabei an der Seite. (Abb. 14) Die nächste R durch beide Lagen häkeln und den Flügel schließen. (Abb. 15)
Den Flügel nicht ausstopfen.
Abschluss-R: 24 fM (Abb. 16), wenden. [24]
Die Federreihe wird am linken und am rechten Flügel unterschiedlich gehäkelt.
Federn rechter Flügel: 1 Lm, 8 Km (Abb. 17), * 1 Km + 2 Lm + 3 Stb in die nächste M (Abb. 18), 2 M überspringen; ab * insg. 5 x wdh, 1 Km. [5 Federn] (Abb. 19)
Federn linker Flügel: 2 Lm + 3 Stb in die 1. M, 2 M überspringen, * 1 Km + 2 Lm + 3 Stb in die nächste M,

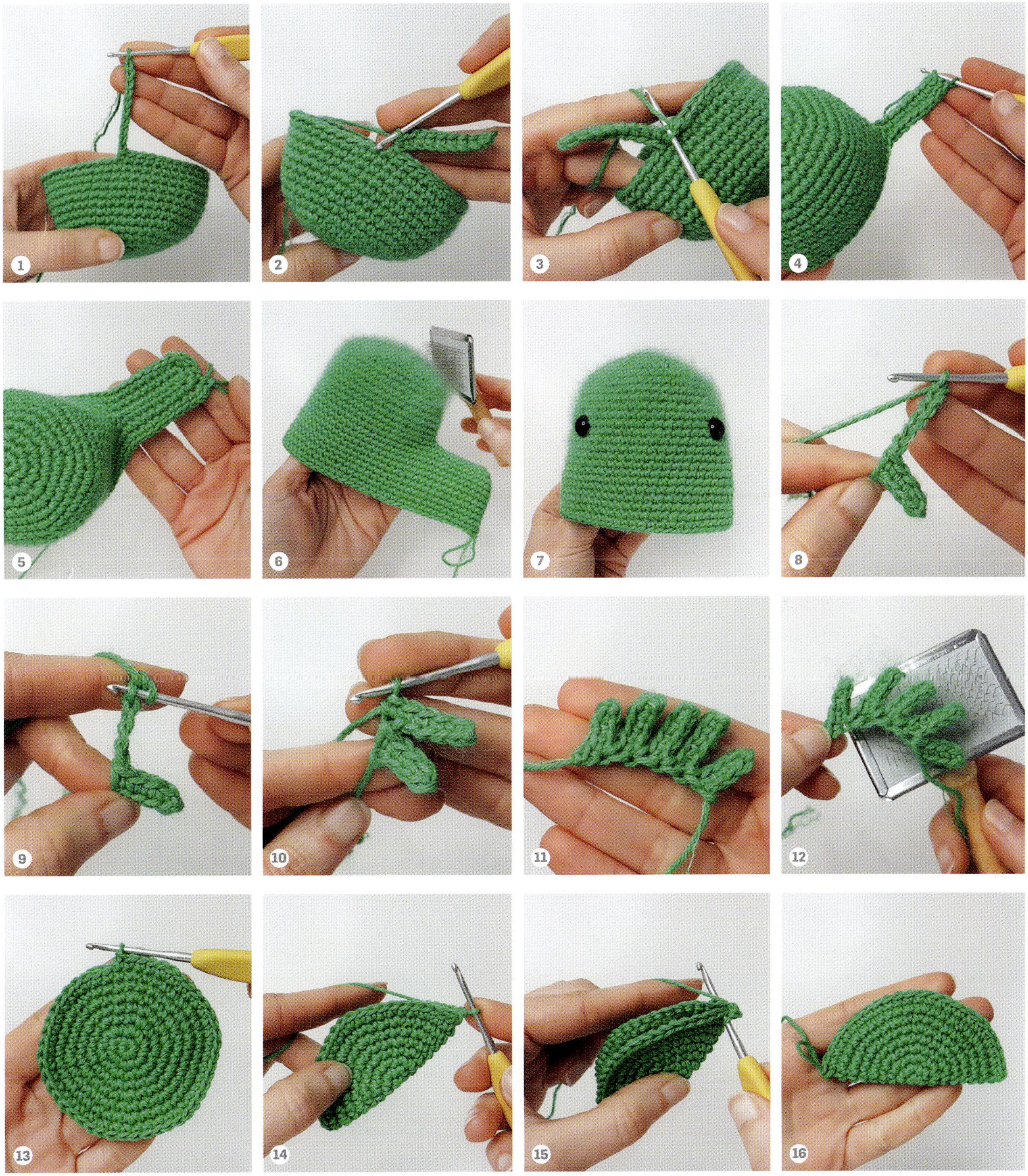
1
2
3
4
5
6
7
8
9
10
11
12
13
14
15
16

2 M überspringen; ab * insg. 4 x wdh, 9 Km. [5 Federn] Abketten und einen langen Faden zum Nähen lassen. (Abb. 20)

OBERE SCHWANZFEDER *(3 x in Grün + Mohairgarn in Grün)*

1. Rd: 6 fM in einen Fadenring arbeiten. [6]
2. Rd: * 1 M zun, 2 fM; ab * insg. 2 x wdh. [8]
3.–5. Rd: 8 fM häkeln. [8]
Die ersten 2 Federn abketten und das Garnende vernähen. Die 3. Feder nicht abketten und die Federn nicht ausstopfen. In der nächsten Rd verbinden wir die oberen Schwanzfedern miteinander. (Abb. 21)

DIE OBEREN SCHWANZFEDERN VERBINDEN *(in Grün + Mohairgarn in Grün)*

1. Rd: 3 fM entlang der 3. Feder, 3 fM entlang der 2. Feder (Abb. 22), 6 fM entlang der 1. Feder (Abb. 23), die letzten 2 M der 1. Feder überspringen, die nächste M der 2. Feder überspringen (Abb. 24), 3 fM entlang der 2. Feder (Abb. 25), die letzte M der 2. Feder überspringen, die nächsten 2 M der 3. Feder überspringen, 3 fM entlang der 3. Feder. [18] (Abb. 26–27)
***ANMERKUNG:** Zwischen den Federn entstehen kleine Lücken, doch da die Federn nicht ausgestopft werden, sind sie unsichtbar.*
2.–3. Rd: 18 fM häkeln. [18]
Abketten und einen langen Faden zum Nähen lassen. (Abb. 28)

LANGE SCHWANZFEDER *(2 x in Grün)*

41 Lm anschlagen. Entlang beider Seiten der Lm-Kette in Rd arbeiten, bevor wir in R weiterhäkeln.
1. Rd: In die 2. Lm ab der Nd einstechen, 16 fM, 13 hStb, 10 Stb, 6 Stb in die letzte M häkeln. Auf der Rückseite der Lm-Kette weiterarbeiten. 10 Stb, 13 hStb, 16 fM, wenden. [84]
2. Rd: 84 Km häkeln. [84]
Abketten und einen langen Faden zum Nähen lassen. (Abb. 29)

MITTLERE SCHWANZFEDER *(2 x in Dunkelgrün)*

27 Lm anschlagen. Entlang beider Seiten der Lm-Kette in Rd arbeiten, bevor wir in R weiterhäkeln.
1. Rd: In die 2. Lm ab der Nd einstechen, 11 fM, 8 hStb, 6 Stb, 6 Stb in die letzte Lm. Auf der Rückseite der Lm-Kette weiterarbeiten. 6 Stb, 8 hStb, 11 fM, wenden. [56]
2. Rd: 56 Km häkeln. [56]
Abketten und einen langen Faden zum Nähen lassen. (Abb. 29)

KURZE SCHWANZFEDERN *(in Weiß)*

***TIPP:** Für ein saubereres Ergebnis, in die hintere Querrippe der Lm häkeln.*
7 Lm anschlagen. In R arbeiten.
1. R: In die 2. Lm ab der Nd einstechen, 5 hStb, 8 Lm, in die 2. Lm ab der Nd einstechen, 6 hStb, 9 Lm, in die 2. Lm ab der Nd einstechen, 7 hStb, 8 Lm, in die 2. Lm ab der Nd einstechen, 6 hStb, 7 Lm, in die 2. Lm ab der Nd einstechen, 5 hStb. [5 Federn, die unten miteinander verbunden sind]
Abketten und einen langen Faden zum Nähen lassen. (Abb. 30)

17

18

19

20

21

22

23

24

25

26

27

28

29

30

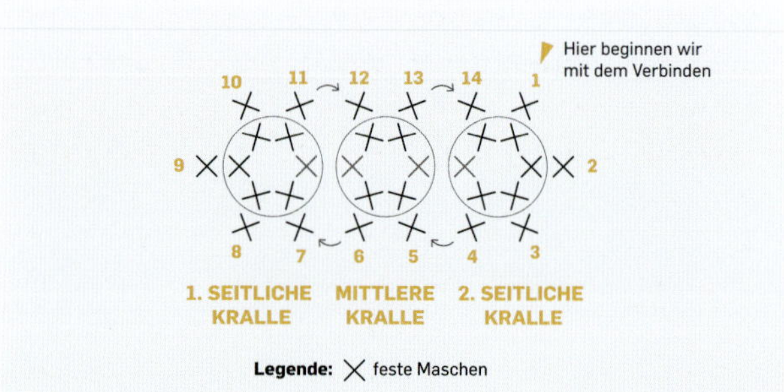

31

32

33

FUSS *(2 x)*

Wir beginnen mit 3 Krallen für jeden Fuß, die wir später miteinander verbinden.

MITTLERE KRALLE *(2 x, eine für jeden Fuß, in Hellgelb)*

1. Rd: 6 fM in einen Fadenring arbeiten. [6]
2.–5. Rd: 6 fM häkeln. [6]
Abketten und Garnende vernähen. Die Krallen nicht ausstopfen.

SEITLICHE KRALLE *(4 x, zwei für jeden Fuß, in Hellgelb)*

1. Rd: 6 fM in einen Fadenring arbeiten. [6]
2.–4. Rd: 6 fM häkeln. [6]
Die 1. seitliche Kralle abketten und das Garnende vernähen. Die 2. seitliche Kralle nicht abketten und die Krallen nicht ausstopfen. In der nächsten Rd verbinden wir die Krallen miteinander.

DIE KRALLEN MITEINANDER VERBINDEN *(in Hellgelb) (Abb. 31)*

1. Rd: 4 fM entlang der 2. seitlichen Kralle, 2 fM entlang der mittleren Kralle, 5 fM entlang der 1. seitlichen Kralle, die letzte M dieser Kralle überspringen, die 1. M der mittleren Kralle überspringen, 2 fM entlang der mittleren Kralle, die nächste M dieser Kralle überspringen, die 1. M der 2. seitlichen Kralle überspringen, 1 fM in die 2. seitliche Kralle. [14]

***★ ANMERKUNG:** Zwischen den Krallen entstehen kleine Lücken, doch da die Krallen nicht ausgestopft werden, sind sie unsichtbar.*

2. Rd: * 1 M abn, 5 fM; ab * insg. 2 x wdh. [12]
In der nächsten Rd arbeiten wir Lücken für die Beine.
3. Rd: 2 fM, 3 Lm, die nächsten 3 M überspringen, 7 fM. [9 + 3 Lm]
4. Rd: 1 M abn, fM in die nächsten 3 Lm, 1 fM, 1 M abn, 4 fM. [10]
5. Rd: 5 x 1 M abn. [5]
Abketten und einen Faden zum Nähen lassen. Den Fuß nicht ausstopfen. Mit der Wollnadel das Fadenende durch die vorderen M-Glieder der letzten 5 M führen. Fest anziehen und den Fuß schließen.
Die Garnenden vernähen.

BEIN *(2 x, in Hellgelb)*

Mit hellgelbem Garn in der Eck-M der Lücke in der 3. Rd des Fußes neu anschlingen.
1. Rd: 1 fM in die Eck-M, 3 fM, 1 fM in die Eck-M, 3 fM. [8]
2.–7. Rd: 8 fM häkeln. [8]
Abketten und einen langen Faden zum Nähen lassen. Wenn du möchtest, kannst du das Bein leicht mit Füllwatte ausstopfen.

FERTIGSTELLUNG

***★ TIPP:** Positioniere alle Teile vor dem Festnähen mit Stecknadeln! (Abb. 32–33)*

- Den Schnabel zwischen der 13. und 16. Rd mittig zwischen den Augen festnähen.

- Die Wangen unterhalb der Sicherheitsaugen annähen.
- Die Kopffedern hinten am Kopf zwischen der 1. und der 10. Rd befestigen.
- Die Flügel seitlich am Körper zwischen der 22. und 28. Rd leicht schräg festnähen. Die Federn zeigen dabei nach vorne. Nur die gerade obere Kante am Körper festnähen, den restlichen Flügel unbefestigt lassen.
- Den oberen Schwanz zwischen der 17. und 20. Rd an der Rückseite des Körpers festnähen.
- Die langen Schwanzfedern direkt unterhalb des oberen Schwanzes befestigen. Danach die mittleren Schwanzfedern unter den langen Schwanzfedern festnähen. Und zuletzt die kurzen Schwanzfedern unter den mittleren Schwanzfedern befestigen.
- Den oberen Rand der Beine vorne mit einem Abstand von 6 M zwischen der 38. und 39. Rd unten an den Körper nähen. Die Füße so positionieren, dass der Quetzal gut sitzen kann. Die Krallen zeigen nach oben.

Dune,
DER STRAUSS

Dune, der Strauß, war mit seinem langen Hals, dem mächtigen Körper und den muskulösen Beinen, die ihn mit Lichtgeschwindigkeit durch die Savanne tragen, schon immer außergewöhnlich. **Trotz seiner Größe ist Dune überraschend grazil und kann wie eine gefiederte Ballerina auf seinen Zehenspitzen balancieren.** Er ist definitiv ein sanfter Riese, der sich gelassen an Pflanzen labt und unter der warmen afrikanischen Sonne seine herrlichen Federn putzt. Wieso also fliegen, wenn man allen davonlaufen kann?

Amigurumi-Galerie: QR-Code scannen oder **www.amigurumi.com/4914** besuchen und Bilder teilen bzw. kreative Anregungen finden.

MATERIAL:
Baumwollgarn (LL 57,5 m/25 g) in
- Beige *(50 g)*
- Weiß
- Dunkelbraun *(100 g)*
- Rosa

Häkelnadel 2,5 mm
Sicherheitsaugen (10 mm)
Wollnadel
Stecknadeln
Maschenmarkierer
Füllwatte

SCHWIERIGKEITSGRAD: ★★★
GRÖSSE: ca. 35 cm hoch (ohne Beine)

KÖRPER *(mit Dunkelbraun beginnen)*

1. Rd: 6 fM in einen Fadenring arbeiten. [6]
2. Rd: 6 x 1 M zun. [12]
3. Rd: * 1 M zun, 1 fM; ab * insg. 6 x wdh. [18]
4. Rd: * 1 M zun, 2 fM; ab * insg. 6 x wdh. [24]
5. Rd: * 1 M zun, 3 fM; ab * insg. 6 x wdh. [30]
6. Rd: * 1 M zun, 4 fM; ab * insg. 6 x wdh. [36]
7. Rd: * 1 M zun, 5 fM; ab * insg. 6 x wdh. [42]
8. Rd: * 1 M zun, 6 fM; ab * insg. 6 x wdh. [48]
9. Rd: * 1 M zun, 7 fM; ab * insg. 6 x wdh. [54]
10. Rd: * 1 M zun, 8 fM; ab * insg. 6 x wdh. [60]
11. Rd: * 1 M zun, 9 fM; ab * insg. 6 x wdh. [66]
12. Rd: * 1 M zun, 10 fM; ab * insg. 6 x wdh. [72]
1 Km häkeln. Dann die Arbeit wenden, sodass die Rückseite der Arbeit zu dir zeigt. (Abb. 1)
In der nächsten Rd beginnen wir mit den Schlingenmaschen. Die Schlingen etwa 1,5 cm lang machen. Das gelingt am besten, wenn man das Garn um die Fingerspitze wickelt.

***TIPP:** Für ein lockeres M-Bild die Schlingenmaschen nur in jeder zweiten Rd häkeln. Wenn Schlingenmaschen nicht deine Stärke sind, kannst du auch mit einem Flauschgarn arbeiten und fM häkeln.*
***ANMERKUNG:** Die Schlingen sitzen auf der Innenseite. Wir wenden die Häkelarbeit später.*
13.–30. Rd: 72 Schlingen-M häkeln. [72] (Abb. 2–3)
Jetzt schließen wir den Mittelteil des Körpers und bilden eine Öffnung für den Hals und den Schwanz. Die nächsten 30 M überspringen (Abb. 4) (daraus ergibt sich die Öffnung für den Hals). In der letzten Rd die beiden Lagen zusammendrücken. Die 31. M befindet sich auf Höhe der letzten M. (Abb. 5)
12 fM durch beide Lagen häkeln, um die Körperoberseite zu schließen. (Abb. 6–7)
Die restlichen 18 M ergeben die Öffnung für den Schwanz.
Jetzt die Häkelarbeit nach außen wenden. Die Schlingenmaschen befinden sich nun an der Außenseite. (Abb. 8)
Den Körper gut mit Füllwatte ausstopfen und beim Häkeln nach und nach weiter ausstopfen.

SCHWANZ *(in Dunkelbraun)*

Rund um die 18 M der Schwanzöffnung arbeiten. (Abb. 9)
1.–2. Rd: 18 fM häkeln. [18] (Abb. 10)
Abketten und einen langen Faden zum Nähen lassen. Den Schwanz in der entgegengesetzten Richtung zur Körpernaht zusammendrücken. (Abb. 11) Mit einer Wollnadel das Garnende durch die M bis zur anderen Seite fädeln. Die Schwanzöffnung zunähen (Abb. 12) und die Garnenden vernähen.

HALS UND KOPF *(mit Weiß beginnen)*

Mit weißem Garn in der 1. übersprungenen M der 30. Rd neu anschlingen. (Abb. 13)
Rund um die 30 M der Halsöffnung arbeiten.
1.–3. Rd: 30 fM häkeln. [30] (Abb. 14)
Mit Beige weiterarbeiten.
***ANMERKUNG:** Ergeben sich an den Verbindungsstellen kleine Lücken, kannst du diese mit einem separaten Garnfaden schließen.*

4.–26. Rd: 30 fM häkeln. [30] (Abb. 15)
4 fM, um zur rückwärtigen Halsmitte zu gelangen. Die letzte M mit einem MM markieren. Das ist der neue Rd-Anfang.
27. Rd: 9 fM, * 1 M zun, 3 fM; ab * insg. 3 x wdh, 9 fM. [33]
28. Rd: 9 fM, * 4 fM, 1 M zun; ab * insg. 3 x wdh, 9 fM. [36]
29.–37. Rd: 36 fM häkeln. [36]
38. Rd: * 2 fM, 1 M abn, 2 fM; ab * insg. 6 x wdh. [30]
39. Rd: * 1 M abn, 3 fM; ab * insg. 6 x wdh. [24]
Die Sicherheitsaugen vorne, zwischen der 31. und 32. Rd mit einem Abstand von 16 M einsetzen. Den Hals mit Füllwatte ausstopfen und beim Häkeln nach und nach weiter ausstopfen.
40. Rd: * 1 fM, 1 M abn, 1 fM; ab * insg. 6 x wdh. [18]
41. Rd: * 1 M abn, 1 fM; ab * insg. 6 x wdh. [12]
42. Rd: 6 x 1 M abn. [6]
Abketten und einen Faden zum Nähen lassen. Mit der Wollnadel das Fadenende durch die vorderen M-Glieder der letzten 6 M führen. Fest anziehen und den Hals schließen.
Dann die Garnenden vernähen. (Abb. 16)

SCHNABEL *(in Rosa)*

1. Rd: 6 fM in einen Fadenring arbeiten. [6]
2. Rd: * 1 M zun, 2 fM; ab * insg. 2 x wdh. [8]
3. Rd: * 3 fM in die nächste M, 3 fM; ab * insg. 2 x wdh. [12]
4.–5. Rd: 12 fM häkeln. [12]
6. Rd: * 2 fM, 3 fM in die nächste M, 3 fM; ab * insg. 2 x wdh. [16]
7.–8. Rd: 16 fM häkeln. [16]
9. Rd: * 3 fM, 3 fM in die nächste M, 4 fM; ab * insg. 2 x wdh. [20]
10.–11. Rd: 20 fM häkeln. [20]
12. Rd: 4 fM, 3 fM in die nächste M, 5 fM; ab * insg. 2 x wdh. [24]
13. Rd: 5 fM, 3 fM in die nächste M, 6 fM; ab * insg. 2 x wdh. [28]
Abketten und einen langen Faden zum Nähen lassen. Den Schnabel leicht mit Füllwatte ausstopfen und dann flach drücken. Die Zunahmen befinden sich an den Seiten.

FLÜGEL *(2 x)*

Wir häkeln zuerst jeweils 3 Federn, die später zu einem Flügel verbunden werden.

FEDER *(3 x für jeden Flügel, insgesamt 6 x, in Weiß)*

1. Rd: 5 fM in einen Fadenring arbeiten. [5]
2. Rd: 5 x 1 M zun. [10]
3.–5. Rd: 10 fM häkeln. [10]

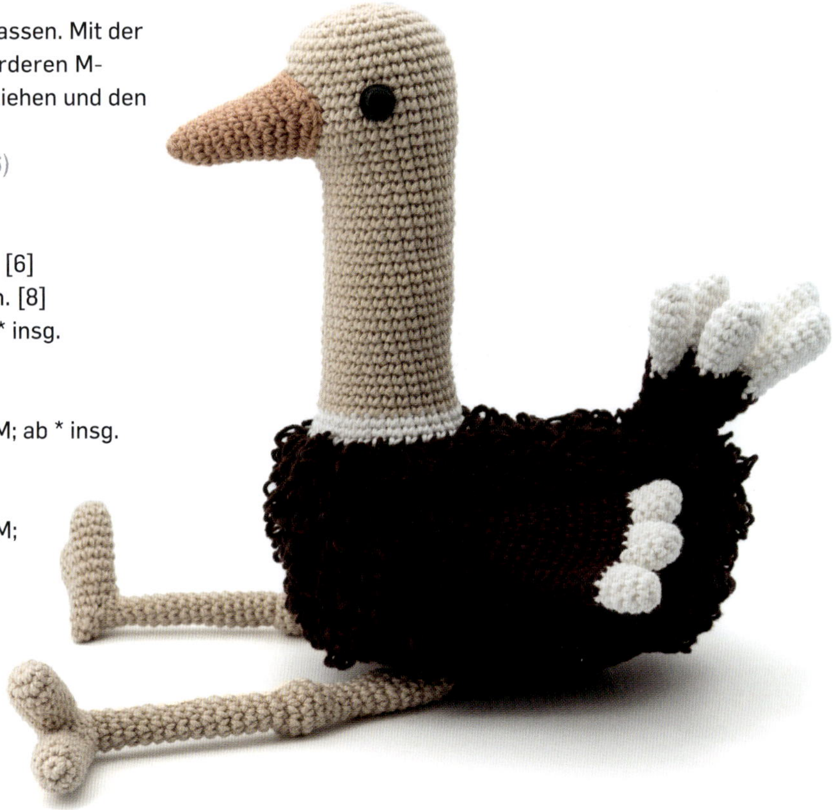

1
2
3
4
5
6
7
8
9
10
11
12
13
14
15
16

Abketten und Garnenden vernähen. Die Federn nicht ausstopfen.

DIE FEDERN MITEINANDER VERBINDEN *(in Dunkelbraun) (Abb. 17)*

Bei einer der 3 Federn mit dunkelbraunem Garn in einer beliebigen M neu anschlingen. In der nächsten Rd verbinden wir die Federn miteinander.

1. Rd: 4fM entlang der 1. Feder (Abb. 18), die letzte M dieser Feder überspringen (Abb. 19), 4 M entlang der 2. Feder (Abb. 20), 9 fM entlang der 3. Feder, die letzte M dieser Feder überspringen, die nächste M der 2. Feder überspringen (Abb. 21), 4 fM entlang der 2. Feder, die letzte M dieser Feder überspringen, die nächste M der 1. Feder überspringen, 5 fM entlang der 1. Feder. [26] (Abb. 22)

*⋆ **ANMERKUNG:** Zwischen den Federn entstehen kleine Lücken, doch da die Federn nicht ausgestopft werden, sind sie unsichtbar.*

2. Rd: 26 fM häkeln. [26]
3. Rd: * 1 M abn, 11 fM; ab * insg. 2 x wdh. [24]
4. Rd: 24 fM häkeln. [24]
5. Rd: * 1 M abn, 6 fM; ab * insg. 3 x wdh. [21]
6. Rd: 21 fM häkeln. [21]
7. Rd: * 1 M abn, 5 fM; ab * insg. 3 x wdh. [18]
8. Rd: 18 fM häkeln. [18]
9. Rd: * 1 M abn, 4 fM; ab * insg. 3 x wdh. [15]
10. Rd: 15 fM häkeln. [15]
11. Rd: * 1 M abn, 3 fM; ab * insg. 3 x wdh. [12]
12. Rd: 6 x 1 M abn. [6]
Abketten und einen langen Faden zum Nähen lassen. Den Flügel nicht ausstopfen. Mit der Wollnadel das Fadenende durch die vorderen M-Glieder der letzten 6 M führen. Fest anziehen und den Flügel schließen. (Abb. 23)
Das Garnende zum Nähen lassen.

LANGE SCHWANZFEDER *(2 x, mit Weiß beginnen)*

1. Rd: 6 fM in einen Fadenring arbeiten. [6]
2. Rd: 6 x 1 M zun. [12]
3.–7. Rd: 12 fM häkeln. [12]
8. Rd: * 1 M abn, 4 fM; ab * insg. 2 x wdh. [10]
9. Rd: 10 fM häkeln. [10]
Mit Dunkelbraun weiterarbeiten.
10.–12. Rd: 10 fM häkeln. [10]
13. Rd: * 1 M abn, 3 fM; ab * insg. 2 x wdh. [8]
14.–15. Rd: 8 fM häkeln. [8]
Die Feder flach drücken. Die letzte M befindet sich dabei an der Seite. Die lange Schwanzfeder nicht ausstopfen. Die nächste R durch beide Lagen häkeln und so die Feder schließen.
Abschluss-R: 4 fM häkeln. [4]
Abketten und einen langen Faden zum Nähen lassen.

KURZE SCHWANZFEDER *(3 x, mit Weiß beginnen)*

1. Rd: 6 fM in einen Fadenring arbeiten. [6]
2. Rd: 6 x 1 M zun. [12]
3.–5. Rd: 12 fM häkeln. [12]
6. Rd: * 1 M abn, 4 fM; ab * insg. 2 x wdh. [10]
7. Rd: 10 fM häkeln. [10]
Mit Dunkelbraun weiterarbeiten.
8.–10. Rd: 10 fM häkeln. [10]
11. Rd: * 1 M abn, 3 fM; ab * insg. 2 x wdh. [8]
12.–13. Rd: 8 fM häkeln. [8]
Die Feder flach drücken. Die letzte M befindet sich dabei an der Seite.
Die kurze Schwanzfeder nicht ausstopfen.
Die nächste R durch beide Lagen häkeln und so die Feder schließen.
Abschluss-R: 4 fM häkeln. [4]
Abketten und einen langen Faden zum Nähen lassen. (Abb. 24)

FUSS *(2 x)*

Wir beginnen mit 2 Krallen für jeden Fuß, die wir später miteinander verbinden.

KRALLE *(2 x für jeden Fuß, insgesamt 4 x, in Beige)*

1. Rd: 5 fM in einen Fadenring arbeiten. [5]
2. Rd: 5 x 1 M zun. [10]
3.–7. Rd: 10 fM häkeln. [10]
Die 1. Kralle abketten und das Garnende vernähen.
Die 2. Kralle nicht abketten. In der nächsten Rd verbinden

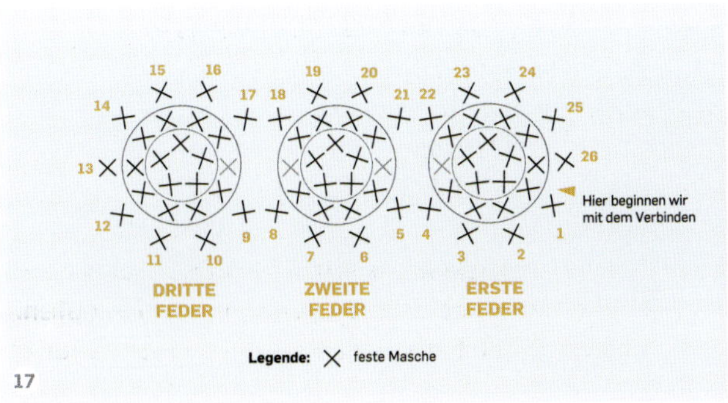

17

18

19

20

21

22

23

24

25

26

27

28

29

30

31

wir die Krallen miteinander. Die Spitzen der Krallen leicht mit Füllwatte ausstopfen.

DIE KRALLEN MITEINANDER VERBINDEN *(in Beige)*

1. Rd: 5 fM entlang der 1. Kralle (Abb. 25), 9 fM entlang der 2. Kralle, die letzte M der 2. Kralle überspringen, die nächste M der 1. Kralle überspringen, 4 fM entlang der 1. Kralle. [18] (Abb. 26–27)

***ANMERKUNG:** Mit einer Wollnadel und einem Stück beigem Garn die Lücke zwischen den Krallen zunähen. Entweder jetzt oder am Ende. (Abb. 28)*

2. Rd: * 1 M abn, 7 fM; ab * insg. 2 x wdh. [16]

3. Rd: * 1 M abn, 2 fM; ab * insg. 4 x wdh. [12]

In der nächsten Rd arbeiten wir Lücken für die Beine.

4. Rd: 2 fM, 3 Lm, 3 M überspringen, 7 fM. [9 + 3 Lm] (Abb. 29)

5. Rd: 1 M abn, fM in die nächsten 3 Lm, 1 fM, 1 M abn, 4 fM. [10]

Wenn nötig, noch etwas Füllwatte hinzufügen.

6. Rd: 5 x 1 M abn. [5]

Abketten und einen Faden zum Nähen lassen. Mit der Wollnadel das Fadenende durch die vorderen M-Glieder der letzten 5 M führen. Fest anziehen und den Fuß schließen.

Die Garnenden vernähen.

BEIN *(2 x, in Beige)*

Mit beigem Garn in der Eck-M der Lücke in der 3. Rd des Fußes neu anschlingen.

1. Rd: 1 fM in die Eck-M (Abb. 30), 3 fM, 1 fM in die Eck-M, 3 fM. [8]

2.–15. Rd: 8 fM häkeln. [8]

Wenn nötig, zusätzliche fM häkeln, um zur hinteren Beinmitte zu gelangen.

***TIPP:** Die Km der 16. Rd eher locker häkeln. So lässt es sich in der 17. Rd leichter in die M einstechen.*

16. Rd: 8 Km häkeln. [8]

17. Rd: * 1 M zun, 1 fM; ab * insg. 4 x wdh. [12]

18.–19. Rd: 12 fM häkeln. [12]

20. Rd: * 1 M abn, 1 fM; ab * insg. 4 x wdh. [8]

***TIPP:** Die Km der 21. Rd eher locker häkeln. So lässt es sich in der 22. Rd leichter in die M einstechen.*

21. Rd: 8 Km häkeln. [8]

22.–24. Rd: 8 fM häkeln. [8]

25. Rd: * 1 M zun, 3 fM; ab * insg. 2 x wdh. [10]

26. Rd: 10 fM häkeln. [10]

27. Rd: * 1 M zun, 4 fM; ab * insg. 2 x wdh. [12]

28.–32. Rd: 12 fM häkeln. [12]

Abketten und einen langen Faden zum Nähen lassen. (Abb. 31)
Das Bein nicht ausstopfen.

FERTIGSTELLUNG

- Den Schnabel zwischen der 28. und 34. Rd mittig zwischen den Augen festnähen.
- Die Flügel so am Körper feststecken, dass die Federn nach hinten zeigen. (Abb. 32–33) Beim Fadenring beginnend entlang der oberen Flügelkante festnähen. Der untere Teil und die Federn bleiben unbefestigt.
- Die Schwanzfedern am Schwanz feststecken. Die 3 kurzen Federn sitzen vor den 2 langen Federn. (Abb. 33) Die Federn mithilfe der dunkelbraunen Garnenden annähen.
- Das obere Beinende flach drücken und vorne zwischen der 8. und 9. Rd mit einem Abstand von 4 M unten an den Körper nähen. (Abb. 34–35) Darauf achten, dass die Krallen nach oben zeigen.

Tux,
DER PAPAGEIENTAUCHER

Tux, der Papageientaucher, und seine Inselfreunde heben den „Dresscode“ auf ein ganz neues Level. **Sie tragen ihre frackähnlichen Federn und leuchtenden Schnäbel immer mit Stil und sehen dabei unglaublich gut aus, egal wohin sie gehen.** An Land wirkt Tux vielleicht etwas tollpatschig, wenn er herumwatschelt und unsicher von einer Seite zur anderen schwankt, doch in den Wellen ist Tux in seinem Element. Dieser hübsche kleine Vogel ist nicht nur niedlich, er ist auch ein hingebungsvoller Vater, ein talentierter Schwimmer und ein wahres Wunder der Natur.

Amigurumi-Galerie: QR-Code scannen oder **www.amigurumi.com/4915** besuchen und Bilder teilen bzw. kreative Anregungen finden.

MATERIAL:
Baumwollgarn (LL 57,5 m/25 g) in
- ● Schwarz *(75 g)*
- ● Weiß *(50 g)*
- ● Orange
- ● Grau
- ● Gelb *(Rest)*

Häkelnadel 2,5 mm
Sicherheitsaugen (12 mm)
Wollnadel
Stecknadeln
Maschenmarkierer
Füllwatte

SCHWIERIGKEITSGRAD: **
GRÖSSE: ca. 26 cm hoch (ohne Beine)

AUGENFLECK *(2 x, in Weiß)*

1. Rd: 6 fM in einen Fadenring arbeiten. [6]
2. Rd: 6 x 1 M zun. [12]
3. Rd: * 1 fM, 1 M zun; ab * insg. 6 x wdh. [18]
4. Rd: * 1 fM, 1 M zun, 1 fM; ab * insg. 6 x wdh. [24]
5. Rd: * 3 fM, 1 M zun; ab * insg. 6 x wdh. [30]
6. Rd: 12 fM, 1 hStb, 2 Stb in die nächste M, 1 DStb, 2 Stb in die nächste M, 1 hStb, 13 fM. [32]
Abketten und einen langen Faden zum Nähen lassen. Ein Sicherheitsauge zwischen der 2. und 3. Rd auf Höhe des Doppelstäbchens einsetzen. Den Verschluss noch nicht anbringen.
Mit einem schwarzen Garnfaden eine kurze horizontale Linie unterhalb des Auges aufnähen. (Abb. 1)

KOPF UND KÖRPER *(mit Schwarz beginnen)*

1. Rd: 6 fM in einen Fadenring arbeiten. [6]
2. Rd: 6 x 1 M zun. [12]
3. Rd: * 1 M zun, 1 fM; ab * insg. 6 x wdh. [18]
4. Rd: * 1 M zun, 2 fM; ab * insg. 6 x wdh. [24]
5. Rd: * 1 M zun, 3 fM; ab * insg. 6 x wdh. [30]
6. Rd: * 1 M zun, 4 fM; ab * insg. 6 x wdh. [36]
7. Rd: * 1 M zun, 5 fM; ab * insg. 6 x wdh. [42]
8.–9. Rd: 42 fM häkeln. [42]
10. Rd: * 13 fM, 1 M zun; ab * insg. 3 x wdh. [45]
11.–12. Rd: 45 fM häkeln. [45]
13. Rd: * 7 fM, 1 M zun, 7 fM; ab * insg. 3 x wdh. [48]
14.–15. Rd: 48 fM häkeln. [48]
16. Rd: * 15 fM, 1 M zun; ab * insg. 3 x wdh. [51]
17.–18. Rd: 51 fM häkeln. [51]
19. Rd: * 8 fM, 1 M zun, 8 fM; ab * insg. 3 x wdh. [54]
20.–21. Rd: 54 fM häkeln. [54]
22. Rd: * 17 fM, 1 M zun; ab * insg. 3 x wdh. [57]
Mit Weiß weiterarbeiten.
23. Rd: 57 fM häkeln. [57]
24. Rd: * 9 fM, 1 M zun, 9 fM; ab * insg. 3 x wdh. [60]
25. Rd: 60 fM häkeln. [60]
26. Rd: * 19 fM, 1 M zun; ab * insg. 3 x wdh. [63]
27. Rd: 63 fM häkeln. [63]
28. Rd: * 10 fM, 1 M zun, 10 fM; ab * insg. 3 x wdh. [66]
29. Rd: 66 fM häkeln. [66]
30. Rd: * 21 fM, 1 M zun; ab * insg. 3 x wdh. [69]
31. Rd: 69 fM häkeln. [69]
32. Rd: * 5 fM, 1 M zun; ab * insg. 3 x wdh, 51 fM. [72]
33. Rd: * 3 fM, 1 M zun, 3 fM; ab * insg. 3 x wdh, 51 fM. [75]
34. Rd: * 7 fM, 1 M zun; ab * insg. 3 x wdh, 51 fM. [78]
35.–42. Rd: 78 fM häkeln. [78]
Die Augenflecken zwischen der 9. und 20. Rd positionieren. Das Doppelstäbchen zeigt dabei nach hinten und die Flecken berühren sich in der Gesichtsmitte beinahe. Darauf achten, dass die Zunahmen in der 32.–34. Rd nach hinten zeigen.
Die Sicherheitsaugen zwischen der 14. und 15. Rd durch den Kopf stecken und die Verschlüsse anbringen. (Abb. 2)
Die Augenflecken mit dem weißen Garnende am Kopf festnähen. Kopf und Körper gut mit Füllwatte ausstopfen und beim Häkeln nach und nach weiter ausstopfen.

43. Rd: * 1 M abn, 11 fM; ab * insg. 6 x wdh. [72]
44. Rd: * 5 fM, 1 M abn, 5 fM; ab * insg. 6 x wdh. [66]
45. Rd: * 1 M abn, 9 fM; ab * insg. 6 x wdh. [60]
46. Rd: * 4 fM, 1 M abn, 4 fM; ab * insg. 6 x wdh. [54]
47. Rd: * 1 M abn, 7 fM; ab * insg. 6 x wdh. [48]
48. Rd: * 3 fM, 1 M abn, 3 fM; ab * insg. 6 x wdh. [42]
49. Rd: * 1 M abn, 5 fM; ab * insg. 6 x wdh. [36]
50. Rd: * 2 fM, 1 M abn, 2 fM; ab * insg. 6 x wdh. [30]
51. Rd: * 1 M abn, 3 fM; ab * insg. 6 x wdh. [24]
52. Rd: * 1 fM, 1 M abn, 1 fM; ab * insg. 6 x wdh. [18]
53. Rd: * 1 M abn, 1 fM; ab * insg. 6 x wdh. [12]
54. Rd: 6 x 1 M abn. [6]
Abketten und einen Faden zum Nähen lassen. Mit der Wollnadel das Fadenende durch die vorderen M-Glieder der letzten 6 M führen. Fest anziehen und den Körper schließen.
Die Garnenden vernähen.

SCHNABEL *(2 x, mit Grau beginnen)*

In R arbeiten.
1. R: 5 fM in einen Fadenring arbeiten, wenden. [5]
2. R: 1 Lm, 2 fM, 3 fM in die nächste M, 2 fM, wenden. [7]

3. R: 1 Lm, 3 fM, 3 fM in die nächste M, 3 fM, wenden. [9]
4. R: 1 Lm, 1 M zun, 3 fM, 3 fM in die nächste M, 3 fM, 1 M zun, wenden. [13]
Mit Gelb weiterarbeiten.
5. R: 1 Lm, 1 M zun, 5 fM, 3 fM in die nächste M, 5 fM, 1 M zun, wenden. [17] (Abb. 3)
Das gelbe Garn abketten. 2 M überspringen und mit Orange neu anschlingen. (Abb. 4)
6. R: 1 Lm, 1 M überspringen, 5 fM, 3 fM in die nächste M, 5 fM, 1 Km, wenden. [14] Die letzten 2 M dieser R unbearbeitet lassen.
7. R: 1 Lm, die nächsten 2 M überspringen, 5 fM, 3 fM in die nächste M, 5 fM, 1 Km, wenden. [14]
8. R: 1 Lm, die nächsten 2 M überspringen, 5 fM, 3 fM in die nächste M, 5 fM, 1 Km. [14] (Abb. 5)
Abketten und Garnenden vernähen. Die zwei Teile mit den Rückseiten aneinanderlegen und mit Orange in der 1. gelben M auf der rechten Seite neu anschlingen. (Abb. 6) Bis zur letzten gelben M auf der linken Seite fM durch beide Lagen häkeln. (Abb. 7) Die graue, gerade Schnabelkante offenlassen. Den Schnabel leicht mit Füllwatte ausstopfen.

FLÜGEL *(2 x, in Schwarz)*

8 Lm anschlagen. Entlang beider Seiten der Lm-Kette in Rd häkeln.
1. Rd: In die 2. Lm ab der Nd einstechen, 6 fM, 3 fM in die letzte Lm häkeln. Auf der Rückseite der Lm-Kette weiterarbeiten. 6 fM häkeln [15] (Abb. 8)
2. Rd: 6 fM, 3 x 1 M zun, 6 fM. [18]
3. Rd: 6 fM, * 1 fM, 1 M zun; ab * insg. 3 x wdh, 6 fM. [21]
4. Rd: 6 fM, * 1 fM, 1 M zun, 1 fM; ab * insg. 3 x wdh, 6 fM. [24]
5. Rd: 6 fM, * 3 fM, 1 M zun; ab * insg. 3 x wdh, 6 fM. [27]
6. Rd: 6 fM, * 2 fM, 1 M zun, 2 fM; ab * insg. 3 x wdh, 6 fM. [30]
7. Rd: 6 fM, * 5 fM, 1 M zun; ab * insg. 3 x wdh, 6 fM. [33]
8. Rd: 6 fM, * 3 fM, 1 M zun, 3 fM; ab * insg. 3 x wdh, 6 fM. [36]
9. Rd: 6 fM, * 7 fM, 1 M zun; ab * insg. 3 x wdh, 6 fM. [39]
10. Rd: 6 fM, * 4 fM, 1 M zun, 4 fM; ab * insg. 3 x wdh, 6 fM. [42]

11. Rd: 6 fM, * 9 fM, 1 M zun; ab * insg. 3 x wdh, 6 fM. [45]
12. Rd: 6 fM, * 5 fM, 1 M zun, 5 fM; ab * insg. 3 x wdh, 6 fM. [48]
13. Rd: 6 fM, * 11 fM, 1 M zun; ab * insg. 3 x wdh, 6 fM. [51]
14. Rd: 6 fM, * 6 fM, 1 M zun, 6 fM; ab * insg. 3 x wdh, 6 fM. [54]
15. Rd: 6 fM, * 13 fM, 1 M zun; ab * insg. 3 x wdh, 6 fM. [57]
16. Rd: 6 fM, * 7 fM, 1 M zun, 7 fM; ab * insg. 3 x wdh, 6 fM. [60]
17. Rd: 60 fM häkeln. [60]
Den Flügel nicht ausstopfen, aber flach drücken. Wenn nötig, ein paar fM hinzufügen oder auftrennen, um zur geraden Kante zu gelangen. Die nächste R durch beide Lagen häkeln und so den Flügel schließen.
Abschluss-R: 30 fM. [30] (Abb. 9)
Abketten und Garnenden vernähen. Den Flügel nicht ausstopfen.

SCHWANZ UND RÜCKEN *(in Schwarz)*

10 Lm anschlagen. Entlang beider Seiten der Lm-Kette in Rd häkeln.
1. Rd: In die 2. Lm ab der Nd einstechen, 8 fM, 5 fM in die letzte Lm häkeln. Auf der Rückseite der Lm-Kette weiterarbeiten. 7 fM, 4 fM in die letzte M. [24]
2. Rd: * 9 fM, 3 x 1 M zun; ab * insg. 2 x wdh. [30]
3.–7. Rd: 30 fM häkeln. [30] (Abb. 10)
Den Schwanz nicht ausstopfen, aber flach drücken und wenn nötig, ein paar fM hinzufügen oder auftrennen, um zur Seitenkante zu gelangen.
Die nächste R durch beide Lagen häkeln und den Schwanz schließen.
8. R: 15 fM häkeln. [15]
In R weiterarbeiten.
9.–11. R: 1 Lm, 15 fM, wenden. [15]
12. R: 1 Lm, die nächste M überspringen, 14 fM, wenden. [14]
13.–17. R: 1 Lm, 14 fM, wenden. [14]

18. R: 1 Lm, die nächste M überspringen, 13 fM, wenden. [13]
19.–23. R: 1 Lm, 13 fM, wenden. [13]
24. R: 1 Lm, die nächste M überspringen, 12 fM, wenden. [12]
25.–26. R: 1 Lm, 12 fM, wenden. [12]
27. R: 1 Lm, 12 fM. [12]
Abketten und einen langen Faden zum Nähen lassen. (Abb. 11)

FUSS *(2 x, in Orange)*

1. Rd: 6 fM in einen Fadenring arbeiten. [6]
2. Rd: * 1 M zun, 1 fM; ab * insg. 3 x wdh. [9]
In der nächsten Rd arbeiten wir Lücken für die Beine.
3. Rd: 3 fM, 3 Lm, 3 M überspringen, 3 fM. [6 + 3 Lm] (Abb. 12)
4. Rd: 1 M zun, 2 fM, 1 M zun, fM in die nächsten 2 Lm, 1 M zun, 2 fM. [12]
5. Rd: 12 fM häkeln. [12]
6. Rd: * 1 M zun, 3 fM; ab * insg. 3 x wdh. [15]
7. Rd: 15 fM häkeln. [15]
8. Rd: * 1 M zun, 4 fM; ab * insg. 3 x wdh. [18]
9. Rd: 18 fM häkeln. [18]
Den Fuß nicht ausstopfen, aber flach drücken. Die letzte M befindet sich dabei auf der Seite. (Abb. 13) Die nächste R durch beide Lagen häkeln und so den Fuß schließen.
Abschluss-R: 9 fM (Abb. 14), wenden. [9]
In R weiterarbeiten.
Krallen: 2 Lm häkeln, 1 Stb in die 1. M (Abb. 15), 1 Km, 1 Km + 2 Lm + 1 Stb in die nächste M, 1 M überspringen, 2 Km, 1 Km + 2 Lm + 1 Stb in die nächste M, 1 Km. [3 Krallen] (Abb. 16)
Abketten und Garnende vernähen.

BEIN *(2 x, in Orange)*

Mit Orange in der Eck-M der Lücke in der 3. Rd des Fußes neu anschlingen. (Abb. 17)

1. Rd: 1 fM in die Eck-M, 3 fM, 1 fM in die Eck-M, 3 fM. [8]

2.–7. Rd: 8 fM häkeln. [8]

Abketten und einen langen Faden zum Nähen lassen. (Abb. 18)

Wenn du möchtest, kannst du das Bein leicht mit Füllwatte ausstopfen.

FERTIGSTELLUNG

*★ **TIPP:** Positioniere alle Teile vor dem Festnähen mit Stecknadeln!*

- Den Schnabel leicht öffnen und zwischen den Augen feststecken. Er bedeckt die letzten 2 Rd der Augen-

flecken. (Abb. 19) Den Schnabel mit grauem Garn oder Nähseide in einer passenden Farbe am Kopf festnähen.

- Schwanz + Rücken am Körper feststecken. Die letzte R auf der letzten schwarzen Rd am Körper positionieren. Orientiere dich für eine mittige Position von Schwanz + Rücken am Schnabel und an den Sicherheitsaugen. Die Ober- und Seitenkanten des Rückens am Körper festnähen. (Abb. 20–21)
- Die Flügel so am Körper feststecken, dass die kurze, gerade Kante auf der letzten schwarzen Rd des Kopfes sitzt. Die geschwungene Seite zeigt zur Vorderseite und vorne beträgt der Abstand zwischen den Flügeln etwa 20 M. Nur den oberen Flügelteil am Körper festnähen. Der Rest des Flügels bleibt unbefestigt. (Abb. 22–23)
- Den oberen Rand der Beine vorne zwischen der 48. und 49. Rd mit einem Abstand von etwa 9 M unten an den Körper nähen. (Abb. 24) Die Füße so positionieren, dass der Papageientaucher gut sitzen kann. Die Krallen zeigen nach oben.

Danke an alle, die mein Buch durchgeblättert und meine Häkelvögel zum Leben erweckt haben! Ich stelle mir vor, wie sie bei dir zu Hause Form annehmen und das erfüllt mich mit Freude. Ich hoffe, das Häkeln hat Spaß gemacht und dir haben die kurzen Geschichten, die ich mir für jeden Vogel ausgedacht habe, gefallen.

Danke an meine Verleger Joke, Dora und Bruno, die mir mit diesem langgehegten Wunsch ermöglicht haben, meine Flügel auszubreiten. Danke an Rico Design, die dieses Projekt mit dem benötigten Garn in den perfekten Farben unterstützt haben. An meinen Lebensgefährten, Carmine, meine Familie und Freunde, die ein Jahr, in dem sich alles um Vögel drehte, erduldet haben und die meiner Ausreden, die ich erfand, um aus dem Fenster zu schauen und Häkelinspiration zu finden, nie überdrüssig wurden.

Danke an alle Lektorinnen für eure akribische Arbeit und dass ihr die winzigen Fehler zwischen den Zeilen immer aufspürt.

Danke DIR, dass du mich bis zur allerletzten Seite auf meiner Reise begleitet hast. Am Horizont warten noch viele weitere gefiederte Freunde und ich hoffe, du bist dabei, wenn sie flügge werden!